労働組合と政治活動

日本の労働組合における政治活動の現状

小澤 弘
Ozawa Hiroshi

目次

はじめに

■国の政治方針や制度が私たちの暮らしに与える影響

政治とは、国や社会に対して全体的な影響を及ぼし、社会に生きる個々人の人生、あるいは毎日の私たちの生活にさまざまな影響を及ぼすものである。

私たち雇用労働者は、賃金等の労働条件を向上させることが、生活を高めていくための第一の手段となる。これは基本的には企業内の労使協議や団体交渉によってなされるが、それだけでは生活を高めていくことはできない。例えば賃金をみれば、税金や厚生年金、雇用保険等の各種社会保険料などが控除され、その多寡によって個人の可処分所得が増減するからである。

また、私たちの賃金や労働条件は、企業の業績から大きな影響を受ける。当該企業が利益を上げられず、支払い能力が停滞すれば、自ずと賃金は抑えられる傾向になる。その企業の業績も、株価の動向を含めて、国の政策によって左右され、金融政策や経済政策、予算配分によって大きな影響を受ける。

さらにいえば、グローバル化した今日の社会では、遠い海外での問題も直ちに国内問題になる可能性もないとはいえない。外交問題なども私たちの日常生活に大きな関わりを持ってきており、外交や安全保障に関しても関心を深めなければならない。また、今日の地球環境の深刻な状況を考えるとき、自然環境や健康問題のみならず、子どもたちを含めた将来の問題に大きな不安を感じざるを得ない。

子どもの教育問題は、学校教育だけでなく、社会教育や地域の問題を含めて考えていかなければならない。人口減少、少子高齢化の中で、年金など私たちの老後の暮らし、医療や介護の問題も今後どうなっていくのか心配せざるを得ない。

いずれにせよ、私たちの生活は、日本という国家がどのような方向をめざしていくのかによって大きな影響を受けることは確実である。国民ひとしく政治に無関心ではいられない。自分が努力して、よりよい家庭や企業をつくっていくのと同じように、よりよい国家や社会をつくっていくことも考えていく必要がある。また、考えるだけでなく、個人として、または労働組合など組織の一員として、積極的に政治活動に参加し、自分の問題として関わっていくことが重要なことだと考える。

■グローバル化の諸問題

主権国家は、一定の「領土」、そこに住む「国民」、そして政治的に統一された「統治機構」があることにより成立するといわれる。そうした国家主権をお互いに尊重し合うことで国際社会は成り立ち、そこでは日々さまざまな利害調整や国家間の交渉が継続されている。外交や安全保障の問題が私たちの日常生活に大きな関わりを持つ比重は日に日に増しているといえるだろう。

現代はまさに国際化時代で、経済や情報・通信のグローバル化など、ヒト、モノ、カネ、情報が国家の枠を超えて行き交い、国家間の相互関係がますます深まりつつある。同時に、一国の経済危機が世界的な不況を招き寄せ、ひいては国家財政を破綻に導く事態にもなっている。

金融自由化の名のもとに、資本は国境を越えて、利潤の極大化を求めて独り歩きをはじめる。新興国の経済成長の一方、先進国の経済は停滞を余儀なくされ、企業は生産拠点を比較優位な国へとつぎつぎと移転し、国内の空洞化、雇用の減少を厭わないのが現実である。

日本は、エネルギー資源が少なく、食糧自給率も低いにもかかわらず、世界第3位の経済大国を維持している。これは原材料の輸入、電機製品や自動車などの製品の輸出を軸とした貿易による面が大きい。通商・貿易を維持するには、自由貿易体制と平和とを条件とし、他国との相互依存関係が大事となる。

しかし現実には、国際間には貿易摩擦、経済摩擦、文化摩擦というさまざまな摩擦が生じかねない。国内の固有の政治課題と思われるような問題でも、投資や金融のあり方、流通政策、はては日本人の価値観やライフスタイルまでもが問題となることもある。これをのり越えていくためには、世界の現状を知り、自由貿易体制の問題点の把握と解決に務めなければならないだろう。

■世界規模での深刻な環境問題

国際問題の中で、地球環境問題は、人類の存亡にもかかわる根源的な課題として世界共通の問題である。地球温暖化や気候変動など、今日の地球環境の深刻な状況を考えると、私たちの健康問題のみならず、子どもたちの未来に大きな不安を感じることにもなる。

地球温暖化が進むと、自然生態系の変化、海水面上昇による海岸線の浸食、食糧生産への影響、生活システムの変化など、人類や環境は多大な影響を受ける。また近年、世界各地で問題になっているのが異常気象である。気象庁は、異常気象を「過去30年間の観測に比して著しい偏りを示した天候」と定義しているが、大雨、集中豪雨、洪水、豪雪、酷暑など、その発生頻度や規模が年々増大傾向にある。異常気象は、すでに農業や水産をはじめとした各産業、また人々の健康にまで甚大な被害をもたらしており、国家および世界レベルでの対策が急務となっている。

気候変動による被害は、着実に世界中で広がっている。干ばつ、異常気象、海面水位の上昇、感染症の拡大、生物種の絶滅など、取り返しのつかない被害が危惧されている。その被害を真っ先に受けるのは島嶼国や途上国と呼ばれる貧困層を多く抱える国々だが、日本も決して例外ではない。

国際社会は、気候変動に関する国際連合枠組条約締約国会議を開催し、1997年の地球温暖化防止京都会議（COP3）において「京都議定書」を取り決めた。これは地球温暖化の原因となる温室効果ガスの削減に向けて、先進国における削減率を1990年を基準として各国別に定め、共同で約束期間（2012年）内に目標値を達成することを定めたものである。ただし、温室効果ガスの排出量の多いアメリカは批准せず、中国も削減義務を負っていなかった。

その後、2015年のパリ会議（COP21）において、2020年以降の温暖化対策の国際枠組み「パリ協定」を採択した。全体目標として掲げられている「世界の平均気温上昇を2度未満に抑える」ために、世界全体で今世紀後半には、人間活動による温室効果ガス排出量を実質ゼロにしていく方向を打ち出した。そのために、全ての国が排出量削減目標をつくり、提出することが義務づけられ、その達成のための国内対策を義務づけ、それを「5年ごとの目標見直し」によって改善していく仕組みを盛り込んだ。世界全体の気候変動（温暖化）対策に今後も各国が一致して取り組んでいかなければ、地球全体が将来的に取り返しのつかない事態にもなりかねない。

近年、「世界の工場」を謳歌してきた中国は、工業化、モータリゼーション、急速な経済成長の負の側面として、北京をはじめ深刻な大気汚染などに悩まされているが、対策が追いついていない。そこで発生するPM2.5（微小粒子状物質）は海を渡って日本に飛来していることが観測されている。今後、国内にどのような影響が出てくることになるか、懸念されている。

今日では、新型インフルエンザ、エボラ出血熱、ジカ熱など、地域固有の感染症・

伝染病だったものが世界中に伝播しかねず、瞬く間に世界的な流行を引き起こす、パンデミックという事態もつねに懸念されている。

こうしたグローバルな問題は、人類そのものの存続をも危うくする大問題である。日本の持てる技術や知恵で、持続可能な社会を構築するために、積極的に貢献することも大事な課題である。

■核不拡散と安全保障

アメリカのオバマ大統領は、就任後「核なき世界」を提唱し、ノーベル平和賞をも受賞した。ところが、8年の任期で、それが実現するどころか、北朝鮮は原水爆実験やミサイル開発を繰り返し、実質上「核保有国」を国内外に宣言するにいたった。同様に核保有をめざすイランは、核をめぐりアメリカとの合意を取りつけるなど、核不拡散の思惑はほとんど実効を伴っていない。G7伊勢志摩サミットで現役大統領としては初めて被爆地・広島を訪問した。

1990年代に東西冷戦構造が崩れ、ソ連の崩壊によって、アメリカの一国優位体制が出現する一方で、世界各地で地域紛争が激化した。2001年9月11日に発生したアメリカ同時多発テロ事件を契機に、国際テロリズムが世界の大きな不安定要因になっている。

中東では、宗教戦争といえるような内戦や国家間の紛争に、数多くの国際テロ組織が関与して複雑な構図となっている。とりわけ「イスラム国」を自称するＩＳＩＬというテロ集団は、イラクやシリアにまたがる広範な地域を実効支配するとともに、ヨーロッパはじめ世界各地でテロ行為を仕掛け、世界に不安を拡散している。シリアなど中東の危機により、陸続きのヨーロッパには中東からの難民が押し寄せ、その受け入れに悲鳴を上げる事態にもなっており、欧州各国の政治に多大な影響を与えている。

これらの課題は一国だけでは対処しようがない問題だ。今日では、一国完結型の政治ではやっていけず、国内問題は同時に国際問題であり、国際問題は同時に国内問題となっているといえる。

阪神淡路大震災、東日本大震災、熊本地震などを言うまでもなく、自然災害の多いわが国では、防災に関する取り組み、被災地の復興という課題もつねに念頭に置かなければならない。

日本の平和と安全は、戦後の米ソ冷戦時代を通じて、自由主義陣営の一員に加わり、日米安全保障条約を機軸として維持されてきた。この選択によって、今日の平和と繁栄があることは事実だろう。

近年、尖閣諸島が存在する沖縄周辺海域では、中国公船による領海への侵入が頻発している。機関砲を搭載した船なども航行し、中国による軍事的圧力が高まっている。GDPで日本を追い越し、経済的実力をつけた中国は、さらに東シナ海の日中中間線付近のガス田で海洋プラットホームを一方的に増設しているといわれる。将来的にレーダー施設や補給拠点を置くことで、東シナ海が中国の軍事拠点となる懸念も出ている。

南シナ海はもっと深刻である。中国は南沙諸島、西沙諸島の島嶼や岩礁をつぎつぎと埋め立て、恒久施設や滑走路など既成事実を積み重ね、ベトナムやフィリピンとの領有権争いが深刻化している。

北朝鮮との間の最大の問題である日本人拉致問題は解決への進展がまったくみられないばかりでなく、世襲による体制を固めた金正恩は、前述のように、核やミサイル開発に没頭し、軍事優先を鮮明にしている。

日米安全保障体制は、戦後一貫して強固な同盟関係だが、日本周辺、あるいは国際的な安全保障環境の変化に対応し、継続的に見直しをはかる必要がある。わが国の安全保障や外交の基本方針についても見直しを行いつつ、世界の平和と安定のための新しい枠組みの形成に努力していかなければならない。

世界には依然として飢えや貧困に苦しみ、十分な食料や飲み水が得られなかったり、教育や医療を満足に受けられなかったりする人々が、世界人口（約70億人）の8割以上を占めている。こうした国々の問題解決なくして本当の意味での世界平和はありえない。自国のことのみを考えるのではなく、世界の安定と発展を考えていくことは、国際社会の一員としての重要な責務でもある。

■少子高齢化の諸問題

国内では、少子高齢化とともに、人口減少が進んでいる。そのなかで、子育てや教育の問題、介護や医療の問題など、逼迫した国家財政のなかで、安心できる暮らし、老後や医療の保障がこれからも確保されるのか、という将来的な不安も拭いきれない。

1人の女性が一生の間に産む子供の数である合計特殊出生率は、現在、1.3前後である。長期的に人口が安定して維持されるために必要な合計特殊出生率（人口置換水準）

は2・07で、日本は合計特殊出生率が人口置換水準を相当長期間下回って、少子化が進行している。

一方、全人口に占める65歳以上の割合である高齢化率について、日本は2007年に21％を超え、「超高齢社会」に突入した。医療の進歩によって、乳幼児や高齢者の死亡数が減ったことが大きな要因としてあげられている。

現在は、65歳以上の老年人口の増加と、15歳未満の年少人口の減少とが同時並行で進んでいる。つまり、高齢化と少子化が同時進行していることから、少子高齢化といわれる。

少子化の原因としては、未婚化・晩婚化が進んでいること、結婚しても養育費の問題などで出産を手控えること、出産・子育てで自由時間が奪われることを嫌う夫婦が増えていること、などがあげられている。

少子高齢化の問題点として、まず挙げられるのは労働人口が減少することである。年金受給者が増え、医療や介護の負担が増える高齢者が増加する一方、子どもが生まれず、働き手が減りつづける。そうなると、結果的に現役世代、つまり働く者一人ひとりの社会保障に対する負担が増えることになる。働く者の賃金はそれほど上昇が望めない今日的状況下で、社会保障費負担が増え、現役世代から年収の約7分の1が社会保障費として高齢者にあてられている。そういうなかで、現役世代の人口そのものが減少していくとなると、ますます負担が増えていくわけである。

少子高齢化が急速に進行している中で、安心して子どもを生み育てることのできる環境の整備や、社会全体で働き方の改革を通じた仕事と生活の調和の推進など、少子化対策をさらに効果的・総合的に推進していくことが求められる。

年少人口増加のために、子どもの育成環境の整備、子育てに関する補助を行っていくことが重要である。子育て支援として、日本の児童手当制度は他国に比べ不十分であるという指摘も多い。そのため、2009年に発足した民主党（現民進党）政権は、それまで小学生までだった支給対象を中学校終了までとし、所得制限をなくし、月額1万3000円を支給する「子ども手当」を創設した。その後、自公政権により、名称も児童手当に戻り、所得制限が加えられた。その結果、所得制限を1円でも超えると児童手当はまったく支給されないため、児童手当を支給された人の方が手取り収入が多くなるという、所得制限前後で収入の逆転現象が起こっている。さらに、所得税の扶養控除を加えると、所得制限を少し超えた扶養控除のない人が一番恩恵にあずかれない制度になっている。

子育て支援の観点からは、手当よりも保育施設の充実などを行うべきだという指摘もある。これらをどのように配分して児童を養育する家庭への支援を行っていくかは、少子化対策の一つの課題である。

少子化の原因として、私的教育費の高さも指摘されている。親の所得の差によって子どもが教育を受ける機会に格差が生じるという、教育格差の問題も重要である。教育格差が、学歴格差や収入格差につながり、世代を超えて格差が継承されて固定化しやすい傾向があることを指摘する人もいる。親の経済格差が子どもの将来に影響を及ぼすことは是正されねばならない。

民主党政権は、家庭の収入や経済状況にかかわらず、すべての高校生が安心して学校に通えるように、2010年に公立高校授業料無償化、私立高校の授業料助成を実現した。これにより学びたい高校生が学びつづけられる環境が整い、経済的理由による高校中退者数は大きく減少したが、その後の自公政権は、国公私立ともに就学支援金制度に変更し、年収910万円を基準とする所得制限を導入した。

少子高齢化の進展、非正規雇用の増大など、社会情勢の変化とともに、次世代育成支援対策推進法の制定、育児・介護休業法や男女雇用機会均等法の改正など、男女共同参画を取り巻くさまざまな法整備が行われてきているが、依然として育児や介護の負担の多くが女性にかかっているという現実がある。仕事をしていた人のうち、業務量や労働時間を減らさざるを得なかった女性は4割近くにのぼり、その半数近くが離職に追い込まれているという。男女ともに家庭的責任を担うという視点に立って、男女平等の実現に向けた職場風土の醸成、仕事や生活のあり方の改善、ワーク・ライフ・バランスを前提に社会全体を変えていく取り組みが重要である。

社会全体で働き方の改革を通じた仕事と生活の調和の推進、安心して子どもを生み育てることのできる環境の整備など、少子化対策をさらに効果的・総合的に推進していくことが求められる。

ここでは、国の政治が私たちの暮らしに与える影響について、今日、我々、そして日本国が抱える問題を概括した。

次章以降、働く者の立場から現在の政治情勢に触れ、これからの労働組合と政治のあり方について考える。

第1章　日本の政治の現状

■安倍晋三首相による政権運営の問題点

２０１２年12月、民主党・野田佳彦内閣の解散により実施された第46回衆議院議員総選挙において、自民党が２９４議席を獲得し、政権与党に復帰した。再び自公連立政権に戻ることとなり、内閣総理大臣には安倍晋三氏が選出され、２００７年に突然の辞任をして以来、再び政権の座に着いた。

首相再登板後は、デフレ経済を克服することを第一に掲げ、インフレ・ターゲットを設定し、日本銀行法改正も視野に入れた大胆な金融緩和措置を講じて、多年にわたってつづくデフレからの脱却に強い意欲を示した。「３本の矢」と称した一連の経済対策は、「アベノミクス」と称されて話題となり、２０１３年の新語・流行語大賞にも選ばれるほどであった。

安倍首相は、デフレ脱却、景気回復優先の政策を市場原理主義、新自由主義の理念のもとに進めた。その一方で、規制緩和の名のもと、「働き方改革」や「世界で一番企業が活躍しやすい国」と称して、これまで培ってきた日本人の安定した働き方を破壊する政策が次々と打ち出された。

一つは労働者派遣法の改悪である。民主党政権においては、日雇い派遣、偽装請負、派遣切りなど、労働者派遣をめぐる不安定な雇用、劣悪な労働環境、使用者責任の曖昧さなどを問題視し、日雇い派遣の原則禁止、同種の業務に従事する派遣先労働者との賃金等の均衡を考慮、重大な派遣法違反があった場合の直接雇用みなし制度の創設など、派遣労働者の保護と雇用の安定をはかる規定を盛り込んだ改正を行った。しかし、安倍政権は、同一の派遣労働者の受け入れは3年を上限とする一方、労働組合の意見を聴くという前提はあるものの、派遣先は派遣労働者を入れ替えれば上限を超えて受け入れることができるなど、派遣労働者を生涯派遣で低賃金のまま固定化するような改正を行った。

また、民主党など野党3党が提出した「同一労働同一賃金推進法案」を骨抜きにする修正を行い、実効性のない法案に変えてしまった。そればかりではなく、過重な長時間労働を招く「労働時間規制の適用除外の拡大」「残業代ゼロ制度」の導入、お金さえ払えば不当解雇もできる「解雇の金銭解決制度」など、働き方や雇用環境を大きく歪め破壊する雇用・労働法制の改悪を進めようとしている。

かつての日本は、安定した雇用の下で一生懸命働くことで生産性や付加価値が向上され、賃金や労働条件が改善していく好循環が実現されてきた。公正なルールのもと、雇用の安定をはかり、可処分所得の向上をめざしてこそ、国民生活は安定するものであろうが、安倍政権はそれに逆行し、「ブラック企業」の抜け穴となる懸念もあるような政策を次々と打ち出しているのである。

それればかりではない。かつては異なる意見があっても、与野党が話し合って合意形成する政治が機能していたが、安倍政権は国会における安定多数にあぐらをかき、民主主義の原則から逸脱するような強引な政権運営が目につく。２０１５年に成立した安保法制についても、政府の説明が二転三転し、十分な説明や国民の理解も不十分なまま、審議時間のみを費やしたことで「審議は尽くした」と主張し、強行に採決まで持ち込んだ。安倍政権の政権運営は、急場しのぎで、未来への責任というものを全く考慮していないと言わざるを得ない。

■腰折れする「3本の矢」

１９９０年代はじめのバブル崩壊を発端とし、１９９７年の消費税増税やアジア金融危機で顕著になったデフレによって、停滞がつづいた日本経済は「失われた20年」といわれる事態に陥った。20年以上もの長い間、年率１％以下の低成長がつづいたのは、先進国でも異例のことだといわれる。

アベノミクスは、このような背景のもと、長期にわたる経済停滞を打破しようとして打ち出された。その経済政策は「３本の矢」と称される基本方針に要約されている。

①大胆な金融政策（異次元の金融緩和）
②機動的な財政政策（過去最大の財政出動）
③民間投資を喚起する成長戦略（民間活力の最大限の引き出し）

その構想は、まず景気を好くして日本経済を成長軌道に乗せる。そのために異次元といわれる超金融緩和を行い、為替レートを円安に誘導して、輸出主導型の成長を実現する。こうして大企業の業績が改善すると、設備投資を増やすことで、中小・零細企業にも仕事がまわり、その業績回復につながる。いわゆるトリクルダウンである。企業の業績回復は、従業員の賃金を引き上げ、全体の個人消費の増加につながる。こうして国内需要の回復がまた企業の業績を引き上げる。アベノミクスはこのような経済の好循環をイメージしたのである。

ところが、グローバルな競争下ではトリクルダウンが起こるわけがない。かつては日本国内において、部品の調達から組み立てまで、生産のすべてが国内で完結していたから、親会社から末端の下請けまで利益が行き渡ったのである。しかし近年は、産業空洞化によって、国内での生産は縮小し、海外での現地生産が進んでいる。グローバル化によって、かつてのような親会社と下請けとの緊密な関係も切れてしまったのである。また、下請け同士の競争の激化により、仕事は増えても利益が残らないという中小企業が少なくない。中小企業はそれでも自転車操業で、採算より仕事を取ることを優先せざるを得ず、超長時間残業でしのいでいる実態がある。

■雇用・賃金を置き去りにするアベノミクス

過去最大の金融緩和や円安の効果で、企業の業績は改善し、3年連続で賃金のベースアップはある程度実現した。ただ、その恩恵は大手の正社員にとどまり、非正規労働者や中小・零細の労働者にまでは広がっていない。アベノミクスの雇用・労働政策は掛け声だけは大きいが、イメージ優先のきらいがあるのではないか。

政府は、非正規雇用者の待遇改善を標榜し、「同一労働同一賃金」の実現をも打ち出したが、２０１５年の通常国会では、労働者派遣法改正案の国会審議において、野党対案として国会提出された「同一労働同一賃金推進法案」を骨抜きにしたのである。その政権が唐突に「同一労働同一賃金」を取り上げたのは、選挙をにらんだイメージ戦略など、ほかの思惑があってのことなのではないのか。

かつての日本経済とは異なり、バブル崩壊以降、企業利益の確保が雇用者所得の増加にはつながっていない。労働分配率は低下の一途をたどっている。企業利益は株主配当や経営者報酬に振り向けられ、そのしわ寄せで人件費の削減となっているのである。今日の企業経営者は目先を株主に向けてしまっている。なりふりかまわず利益を上げないと、つぎの株主総会で自分の身が危ういからである。企業が高収益を確保しても、それは賃金抑制策の結果であり、家計を置き去りにしているのだから、個人消費、内需拡大が進みようがないのである。

もしアベノミクスが成功して経済成長が軌道の乗ったとしても、近年のグローバリゼーション下では、市場原理主義のもと、雇用や総額人件費は抑制され、コストダウンや国際競争力の維持が優先されるのが実態である。今日では、正規雇用は最小限に縮減され、その分を派遣労働者やパート労働者などの非正規雇用労働者に切り替え、

正規雇用と非正規雇用労働者の推移

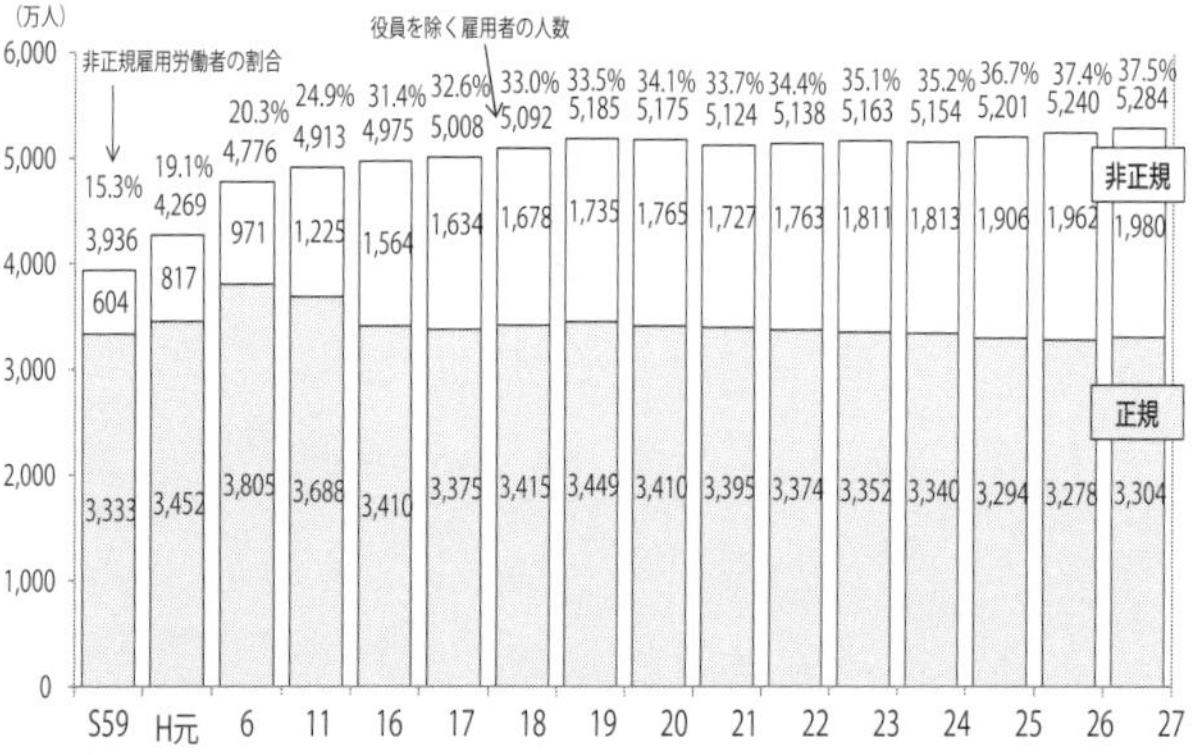

(資料) 総務省「労働力調査」

それを景気変動のクッションにすることが当たり前のようになってしまっている。

労働市場の規制緩和は本来、労働の多様化などの要請に応えるためのものだが、それにかこつけて、総人件費抑制、人件費の変動費化の有力な手段となってしまっている。そもそもグローバリゼーションに対応して生産拠点を海外に容易に移せる大企業に対して、雇用労働者は企業のように働く場所を容易に変えることはできないのである。

２０１１～２０１５年の５年間をみると、非正規雇用労働者は約１７０万人増加したのに対し、正社員は約48万人減少している。非正規雇用労働者は２０００万人近くになり、１９９０年には全雇用労働者の20・２％だったものが、いまや37・5%に達している。

非正規雇用労働者の多くは、企業による職業訓練や教育が不十分なため、能力やキャリアを高めることができず、正規雇用へ転換するのも厳しいのが実態で、低賃金で不安定な雇用状態におかれている。また、正規雇用と非正規雇用の格差と同時に、都市と地方の格差も拡大をつづけている。

■一時的な効果にすぎない「ばらまき政策」

経済の好循環が広がらず、消費が振るわないことから、政府は2014年度の経済対策で、消費の押し上げをねらった「地方創生交付金」2500億円を地方活性化の起爆剤として盛り込んだ。この交付金を受け、多くの自治体で「プレミアム商品券」が発行され、割安感から人気を博したが、消費押し上げ効果は640億円程度といわれ、予算に見合うだけの消費の押し上げ効果があったとはいえない。

また、2016年には、低所得の高齢者に1人3万円を給付することが決定した。参議院選挙前の6月末までには支給されるが、あからさまな選挙対策といわれてもしかたないだろう。

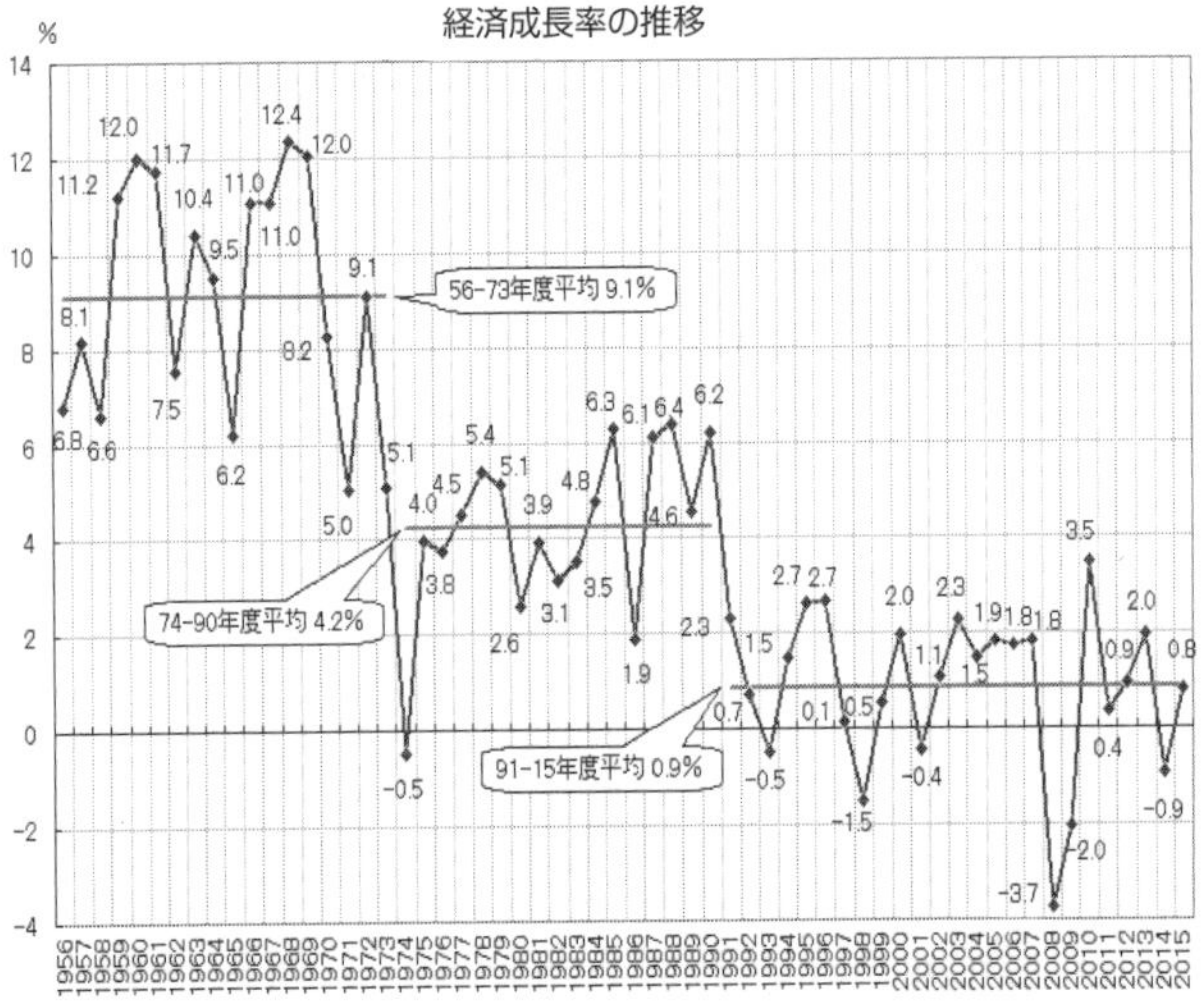

（資料）内閣府

現在、国と地方を合わせた債務は1000兆円を超えている。そういう中で、これ以上、効果のない「ばらまき政策」を繰り返すのはいかがなものだろうか。

■アベノミクスに停滞感

異次元の金融緩和による円安誘導のねらいも、2016年年初以降の円高によって歯車は狂い始めた。物価変動を除いた通年の実質賃金は4年連続のマイナス、非正規労働者の増加、GDP（国内総生産）の6割を占める個人消費は依然として低迷している。

民主党が政権を奪取した2009年

７～９月期から、政権を明け渡す２０１２年10～12月期までの実質ＧＤＰの伸び率（経済成長率）が5.7％だったのに対し、安倍政権が誕生した２０１２年10～12月期から３年間（２０１５年７～９月期まで）の実質ＧＤＰの伸び率は2.4％である。同じ３年間を比べてみると、伸び率は民主党政権時代の方が安倍政権より２倍以上良かったことが統計にも表れている。

アベノミクスは、想定した物価上昇率２％の達成をいまだ成し遂げられていない。財政状況を考えれば、大胆な財政出動も当初想定どおりに行うのは困難であろう。第三の矢である成長戦略が発動する前に息切れしたような状況である。

■金融政策の観点から見たアベノミクス

金融政策とは、各国の中央銀行、日本でいえば日本銀行が、経済を持続的に拡大させることを目的に行う金融面からの経済政策である。物価や通貨価値の安定、あるいは景気対策の一環として、金利や通貨供給を操作することでなされる。

特に、安倍首相と黒田日銀総裁のコンビで導入した異次元の金融緩和は、日銀がマネーサプライを大幅に増やし、市中の銀行から国債を買い入れ、政府が国債を売出しやすい環境をつくる政策である。日銀は市中銀行から2013年度50兆円、2014年度80兆円、2015年度80兆円の国債を買い入れ、2016年度も80兆円の国債を買い入れている。これにより、日銀は現在までに315兆円の国債を買い入れ、現金を金融機関に大量に流し込んだ。しかし、輸出業を中心とする一部の大企業のみに恩恵が偏ったため、銀行は入手した資金の融資先を見い出せず、再び日銀に預金する銀行が続出した。結局、日銀が発行した現金は、民間には流れず、合計300兆円ほどが日銀に預金として戻った。そこで、日銀はついにマイナス金利を導入した。端的にいえば、預金をすれば損をする政策である。

マイナス金利導入によって期待される効果は、金利全体を押し下げ、銀行が預金などで集めた資金を日銀に預けるのではなく、融資をしたり、有価証券購入などの投資に向けたりし、ひいてはそれらが個人消費や住宅購入を増やし、企業の設備投資などを増やすことをねらったものである。そして、これらによって2%のインフレ目標の達成を目指すことが最大のねらいといえよう。

長期金利はマイナスで推移し、住宅ローンなどの金利も大幅に下がったが、金融機関が運用難に苦しむ事態が解消されたわけではない。金融市場ではマイナス金利導入後も円相場が円高に振れている。企業業績の改善にもブレーキがかかっており、日銀の前年比2％の物価上昇目標達成へのシナリオは揺らいでいる。

日本や欧州は金融緩和を加速している一方、アメリカは金融緩和政策を終了し利上げを行った。相互が受け合う影響は大きいことから、世界経済の方向性の違いが危惧される。

日銀は物価上昇率2％の目標を2016年後半から2017年前半へ後ろ倒ししたことにより、今後さらなる金利低下の可能性がある。

■「一億総活躍社会」への不安と疑問

異次元の金融緩和政策の失敗が露呈しつつある。「巧言令色鮮なし仁」という言葉があるが、どうも安倍政権は人を丸め込むような言葉遣いやスローガン、イメージ戦略には巧みだが、掛け声倒れの感がぬぐえない。重要な成長戦略の姿はいまだ全く見えていない。

これをごまかすためではなかろうが、安倍政権は「3本の矢」の実効が伴っていない段階で、その点検・総括もないまま、アベノミクスの第2ステージとして「一億総活躍社会」を掲げた。その実現のための「新・3本の矢」として次の目標を示した。

①希望を生み出す強い経済（GDP600兆円の実現）
②夢をつむぐ子育て支援（希望出生率1.8の実現）
③安心につながる社会保障（介護離職ゼロや生涯現役社会の実現）

大胆なプランもそれをどう実現するのか、具体的な道筋がなければ絵に描いた餅に過ぎない。「参院選向けのスローガン」「大風呂敷を広げただけ」との批判もある。内容的にはすでに政府内で検討されてきた政策を網羅した感が否めない。それも各省庁の官僚がこれまで手がけてきたことで、実現してこなかったことの羅列である、との指摘もある。夢を描くだけでは誰でも出来るのである。

■日本の民主主義の再興

日本をはじめ自由主義諸国は、議会制民主主義を政治の基本としている。議会制民主主義とは、国民の選挙によって選ばれた代表者（議員）が議会において議案を審議し、

最近の国政選挙における比例代表の得票数（自民党・民主党）

	自民党	民主党	維新の党
2009年 衆院選	18,810,217 (26.73)	29,844,799 (42.41)	−
2010年 参院選	14,071,671 (24.07)	18,450,139 (31.56)	−
2012年 衆院選	16,624,457 (27.62)	9,628,653 (16.00)	−
2013年 参院選	18,460,335 (34.68)	7,134,215 (13.40)	−
2014年 衆院選	17,658,916 (33.11)	9,775,991 (18.33)	8,382,699 (15.72)

※カッコ内は得票率　（総務省資料より）

最終的に多数決によって政治課題を決定するシステムである。

現在の日本の政治は「一強多弱」といわれるが、安倍政権（自民党）は本当に一強なのか。２００９年の鳩山内閣成立時の総選挙での自民党（野党転落時）の比例得票総数は１８８１万票。その後の２０１２年の総選挙の自民党（政権復帰）の比例得票総数は１６６２万票、さらに、２０１３年参議院選挙時の比例得票総数は１８４６万票。そして、２０１４年総選挙時の自民党比例得票総数は１７６５万票。つまり、鳩山政権誕生時、自民党が野党に転落した時の比例得票総数と現時点の自民党比例得票総数はあまり変わっていない。自民党大勝の要因は、野党が乱立して、お互いに足を引っ張り合い、お互いにつぶし合ったことにもある。

２０１６年１月、民主党を中心に、志を共有する野党が結集し、新しい政党「民進党」が結成された。民進党は健全な野党として、与党を厳しくチェックすると同時に、政権交代の受け皿として「次の内閣」を設置し、いつでも政権を担えるよう準備している。

かつて英国のサッチャー元首相が来日した時、「民主主義で一番大切なものは？」という質問に対して、彼女は「健全な野党」と答えた。政権が失敗した時に受け皿になる存在が野党である。議会政治は、複数の政党の存在が前提である。政権をとっている与党とそれ以外の野党の存在を必要とする。政権をチェックし批判する野党がいなかったら、独裁政治と変わらない。したがって、健全な与党と健全な野党の両方の存在が必要であり、両者は政権をめぐって対立と緊張の関係であると同時に、政治課題に対して同様の責任を負っていると見るべきである。

第2章　労働組合とは何か

■労働組合は何のためにあるのか

労働組合の定義として、イギリス労働党の理論的支柱であったウェッブ夫妻が1894年に著した『労働組合運動史』の中の記述が古くから伝えられ、定着している。それは「労働組合とは、賃金労働者がその労働生活の諸条件を維持または改善するための恒常的団体である」というもので、これはいまでも変わらない労働組合の姿である。

少し言い換えてみると、「労働組合とは、雇用労働者（賃金労働者）が、人間らしく物心両面で豊かに人生を送れるように、団結して運動する、恒常的組織である」といえる。

労働組合法にも第2条で「労働者が主体となって自主的に労働条件の維持改善その他経済的地位の向上を図ることを主たる目的として組織する団体又はその連合団体をいう」と規定している。そのためにお互いに助け合っていこう、というのが労働組合の原点である。労働条件、職場環境の維持改善といった職場レベルでの課題はもちろん、労働法制、社会保障制度、経済政策など、様々な社会的問題も解決して常に働く人を守り、生活者に寄りそう団体が労働組合である。

労働組合の目的は、勤労者の生活を維持・向上させることにある。そのためには、企業内の労使関係を超える諸課題の解決が必要となってくる。

私たちの生活を豊かにするための第一は、給与明細書の支給金額を多くすること、その次は控除額を少なくして可処分所得を大きくすることである。支給金額を多くするためには、組合の交渉能力を強くするだけでなく、会社が一定の利益を上げることが必要である。そのためには、産業の安定、ひいては日本経済の安定も必要となる。それは政治に関連することである。給与明細書の控除額を少なくすることも、それこそ政治に直結することである。税金や社会保険のあり方は政治課題そのものなのである。

また、社会保障制度を充実させ、不測の事態にも安心できるような社会環境をつくることも重要である。これも国の政策制度のあり方の根本問題である。

これまでの労働運動は、どちらかといえば労働条件の維持・向上、それも企業内での課題解決に軸足を置いてきた。しかし、時代は大きく変化し、単に企業内の労働条件の向上だけでは、真のゆとり、豊かさを達成することが困難になってきた。このようななかで、生産者および消費者の双方の目を持ち、広い意味での福祉の向上という目的をしっかりと踏まえた上で政治活動に取り組むことが必要となっている。

個人の生活をどんなに良くしようと思っても、国や社会が良くならなければ私たちの生活は良くよくならない。私たちの生活は政治と密接な関係があるが、そのためにはどんな政治を選択するかが大切になる。そのために行うのが政治活動である。

■戦後日本の労働運動の歴史

戦後日本の労働運動は、1946年の日本労働組合総同盟（総同盟）の再建から始まった。一方、共産党はこれに対抗して独自の労働組合を組織することを画策し、同年、全日本産業別労働組合会議（産別会議）を結成した。これにより戦後日本の労働運動は当初から分裂することになった。

以後、総同盟の流れをくむ労働組合主義の運動と、産別会議の流れをくむ共産主義的労働運動の二つの路線が対立する歴史を刻むことになる。

1947年、産別会議が企図したゼネストを批判する勢力が分裂し、新産別が結成された。

1950年には、労働組合主義を基調とした日本労働組合総評議会（総評）が結成された。ところが、総評は発足1年にして、「共産主義だけが平和勢力である」という主張に急変し、その後、再軍備反対、軍事予算粉砕など、政治目的のストや過激な運動を繰り広げることとなった。

このような情勢から、総評の路線を批判する労働組合により、１９５４年、全日本労働組合会議（全労）が結成された。

１９５５年、高度成長のはしりとなったこの年、左右社会党の統一、自由民主党の結成で、政治の「55年体制」が確立した。労働運動は、春闘方式といわれる時代を迎え、景気拡大を背景に大幅賃上げが実現した。日本企業の業績が拡大をつづけたこの時期、総評を中心に合理化反対闘争が活発化した一方、労使関係の近代化、生産性向上を目指した日本生産性本部が発足し、総同盟と全労は、生産性三原則（雇用の維持・拡大、労使の協力と協議、成果の公正な配分）を条件に、産業民主主義を発展させる立場から参加した。

１９５６年には、電機労連（現電機連合）など中立系13単産90万人により中立労働組合連絡会議（中立労連）が結成されている。これは「友愛と信義を基調として、参加組合の共通する目的のため相互扶助と共闘を深めつつ労働者の経済的・社会的地位の向上のために闘う」ことと、総評・全労のなかにあって「労働戦線統一の橋渡し」を行うことを目的としたものであった。

1960年、社会党内の左右の路線対立から、民主社会党（のち民社党）が結成された。この年、安保改定に反対する総評系の労働組合や社会・共産両党を中心に安保反対闘争が繰り広げられた。原水爆禁止、戦争と失業反対の運動とも重なり、春闘、三池闘争とも一体化して、空前の政治闘争となり世情を騒然とさせた。

1964年、全労・総同盟・全官公を一本化し、全日本労働総同盟（同盟）が結成された。

その後、労働運動は中立労連、総評、同盟、新産別という4つのナショナルセンターに分かれ、「労働4団体」と呼ばれる状態がつづいた。政党との関係でも、社会党（現社民党）を支持する勢力、民社党を支持する勢力に分かれていた。

■連合の結成と政治活動の関わり

日本の労働運動は様々な紆余曲折を経て、1970年代の全民懇、民間労組共同行動会議、政策推進労組会議などを経て、戦後のナショナルセンターの分裂から、1980年代に大きな転機を迎える。

民間先行による統一の構想が決まり、１９８２年、41単産４２５万人の全日本民間労働組合協議会（全民労協）が結成される。産業民主主義、組合民主主義に立脚した全民労協は、政策制度の改善で存在感を高めるとともに、全的統一に向けて強力な推進力になった。

１９８７年には民間部門としてより強固な全国中央組織である民間連合が55組織５５５万人を擁して結成された。「労働界の分裂、抗争の歴史に終止符を打つこと」を基本目標の一つに掲げた民間連合は、日本労働運動史の不幸な軌跡を繰り返すまいとする決意を表明した。

民間連合発足後は、国公関連労組との話し合いが急進し、１９８９年、日本労働組合総連合会（連合）が78単産７９０万人により結成され、日本の労働運動の統一がようやく実現した。

民間労組と国公関連労組の違い、労働4団体の過去の運動の違いなど、肌合いの違う寄り合い所帯として発足した連合だが、元連合会長の高木剛氏は朝日新聞の取材で「自分たちが分裂し、足を引っ張り合っているが故に、労働者の期待に応えられない、という反省が労組の中にあって、連合ができた」（２０１５年11月23日）と語っている。

連合の発足は、ベルリンの壁崩壊、やがてソ連体制が崩壊し、米ソを中心にした冷戦構造が終焉するのと同時期であった。国際経済における大競争時代が始まり、国際情勢が大きく変わる中で、国内では長らくつづいてきた自民党単独政権が終わり（1990年）、「55年体制」は崩れ、連立政権も特別なことではなくなっていく。衆議院選挙における「小選挙区比例代表並立制」の導入とともに、二大政党制が模索される一方、政党は分裂と再編を幾度となく繰り返してきた。

連合は基本目標に「政権を担いうる新しい政治勢力の形成に協力し、政権交代を可能にする健全な議会制民主主義を実現する」ことを掲げた。2013年に改訂された新しい政治方針では、「与野党が互いに政策で切磋琢磨する政治体制の確立が重要であると考える。そのため、政権交代可能な二大政党的体制をめざす」ことを政治に求め、政党との関係において「政党の理念や綱領に掲げるめざすべき社会像、さらには国の基本政策において進むべき方向性を共有する政党を支援する」としている。

第3章

労働組合の現状と問題点

■企業別組合と産業別組合

日本における労働組合は、同じ会社の労働者が集まってつくる企業別組合、同じ業種の企業別組合が集まった産業別組合、産業別組合の集合体であるナショナルセンターの各級組織がある。

①企業別労働組合

日本の労働組合は、多くの場合、会社・企業単位に組織されている。事業所がたくさんある場合には、事業所ごとに支部や分会が設置される。日本では、企業別労働組合が独立した個別の組織であることから、単位労働組合（単組）とも呼ばれる。一つの企業の従業員で構成され、組合役員もその従業員の中から選ばれる。また、団体交渉や労働協約の締結も企業内の労使間で行われることが一般的である。

企業別労働組合の多くは、ユニオン・ショップ制を締結し、新しく入社した従業員は自動的に労働組合に加入することを労働協約で取り決めている場合が多い。また、ほとんどの労働組合でチェックオフ制が採用され、組合費の徴収など、組合業務の運営が円滑に行われやすくなっている。また、企業単位の組合運営なので、職場のすみずみまで世話役活動が行き届き、企業経営の動きにも敏速に対応できるという大きな利点がある。その反面、企業内の労使関係であるため、労働組合によっては、企業従属的な性格があらわれがちな面もあり、組合活動が企業の枠内にとどまり、社会的な連帯や社会への影響力が少なくなりがちな面も見られる。

日本の労働組合の多くが企業別組合の形態をとっているのは、戦後の民主化の一環として急速に労働組合の普及がはかられたとき、工場・事業所や企業単位に組合を結成するのが手っ取り早い手段だったといわれるが、それが日本の雇用形態や日本的な経営に適合していた面もあるのではないか。企業別組合は日本独特の形態であって、先進工業諸国にはあまり例をみないといわれる。

②産業別組合（産別）

単組である企業別労働組合が、同一産業分野で結集したのが産業別組合（産別）である。前述のように、企業別労働組合は、組織がつくりやすく運営も円滑にできる反面、活動が企業内にとどまりがちな面が否定できない。これをカバーして、組織力や交渉力、外部への影響力をつくるため、あるいは同一産業の労働者の連帯を強化するためにつくられたのが産業別連合体である。これは単組にとって上部団体と呼ばれる。

労働組合活動のうち、上部団体で推進したほうがいいと判断されるような活動は、産別の主要な任務として重点的に推進される。たとえば、企業内で行う賃上げ交渉を、連合体の統一賃金闘争として推進する場合もある。また、国会へ労働者の代表を送り、産業政策を立案し推進することによって、労働者の雇用・労働環境、生活・社会環境をつくっていくという規模の大きな活動を産別が推進する。

③ナショナルセンター（中央労働団体）

産別が全国的に集まってつくられたのが中央労働団体で、一般に「ナショナルセンター」と呼ばれている。

労働組合の取り組む課題は、労働条件の改善から、安心して働ける産業づくり、社会を改革していく運動、幅広い国民運動まで、広い範囲にわたっている。そこで、産別がさらに全国的に集まってナショナルセンターをつくるわけである。

ナショナルセンターは、日本の労働組合がどんな状態に置かれており、どんな方向を目指して進んでいくのか、あるいは政治的、社会的にどんな運動を起こしていくのか、という基本的、大局的な方針を示し、労働組合の活動を全国的に展開する要となっている。

さらに労働組合の地方組織がある。単組でいえば支部、産別でいえば地方本部や地方協議会、ナショナルセンターでいえば地方連合会や地域協議会など、それぞれの地方・地域における活動の拠点として設置されている。

■組織率低下の背景にあるもの

日本の組合組織率は低く、しかも年々低下している。厚生労働省が毎年公表している「労働組合基礎調査」によると、２０１５年６月現在の組合員数は９８８万２０００人（前年比0.3％増）で、全雇用者に対する組合員の割合を示す推定組織率は17・４％（前年比0.1ポイント減）であった。推定組織率は５年連続減少し、過去最低となった。

非正規従業員の増加、企業の海外進出における国内雇用の減少、組合数の減少などが根本に抱える問題と考える。その一方、女性組合員が約３１２万人で前年比６万６０００人増加し、女性の増加が目立つ格好となった。

日本の労働組合の中心的な組織形態は企業別労働組合であり、これまでは加入資格が正社員に限定され、非正規労働者は排除されることが多かったが、このところ非正規の組織化は着実に進んできている。パート労働者の組合員は１０２万５０００人

雇用者数、労働組合員数、推定組織率の推移

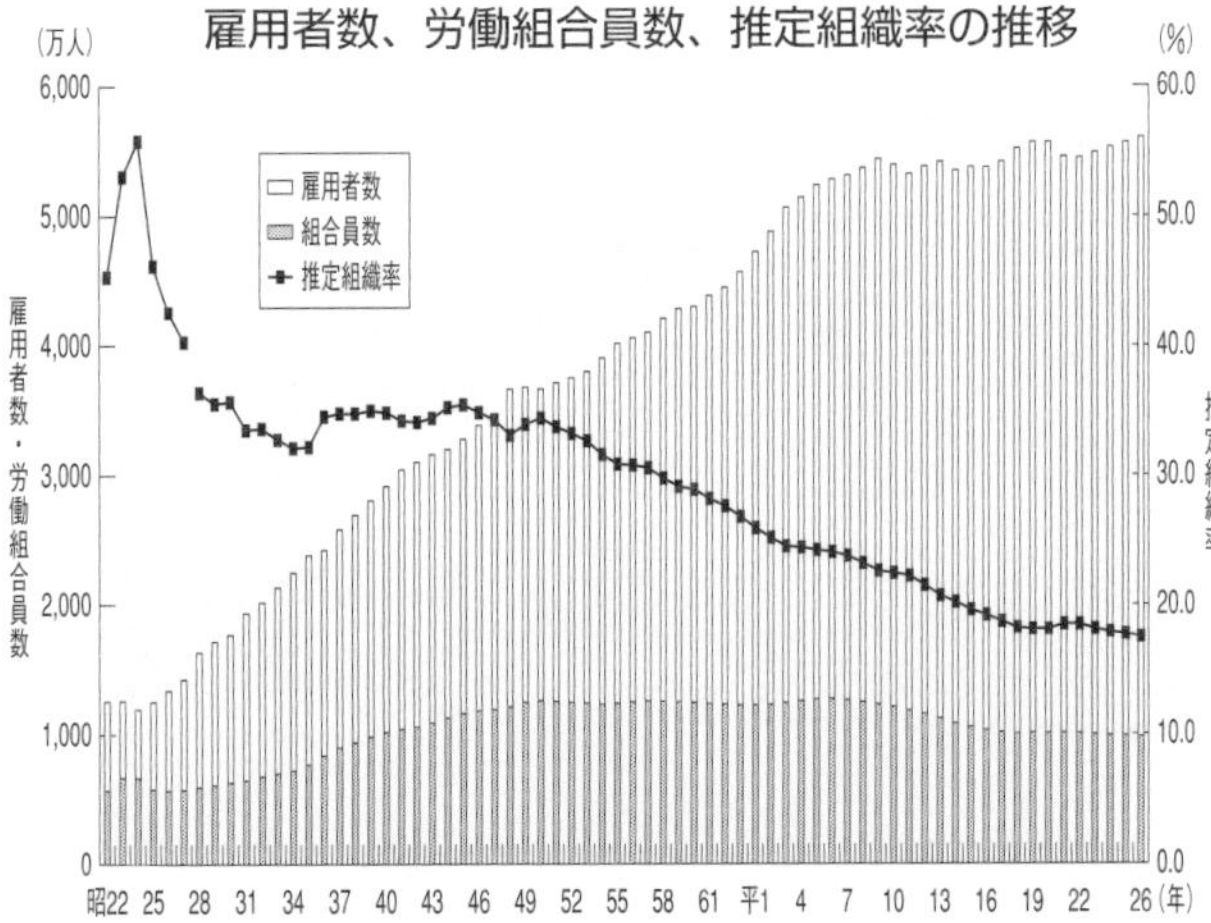

（資料）厚生労働省「厚生労働白書」

（前年比同5.7％増）で、全体に占める割合は10・4％（前年比0.5ポイント増）と初めて1割を超えた。パート労働者には女性が多く、宿泊業、飲食サービス業などパート労働者の多い産業の組織率が伸びていることが、女性組合員の増加につながっているとみられる。

また、企業規模によって組織率は大きく異なっている。従業員1000人以上の企業における推定組織率は45・7％と高いが、100〜999人規模の企業では12・2％、99人以下の企業にいたっては0.9％にしかすぎない。中小企業の組織率がきわめて低く、組織化の大きな課題である。

■ストライキに見る日本と欧米の労働運動の違い

日本の労働組合が欧米の労働組合と決定的に違うのは、ストライキ（労働争議）がきわめて少ない点である。

かつては鉄道やバスなどがストで停止するなど、社会的な影響もあったが、厚生労働省「平成26年　労働争議統計調査」によると、全国でのストは80件で、ピーク時の１９７４年に９５００件を超えていたのとは様変わりしている。

ストライキ（同盟罷業）は、労働組合が賃上げや労働条件の改善を求めて一斉に働くのを拒否する行為で、労働組合法で認められている労働組合の基本的権利である。労働組合が正当な手続きを踏んで行うストライキは、損害賠償責任を免れるなど法的保護を受けられる。

日本でなぜストが減ったのか。それは前述の労働組合組織率の低下が一因でもある。同じ企業で働いていても、組合に加入していない非正規労働者が多い状態では、ストを打とうにも打てないのである。また、労働組合と会社とで定期的に情報交換、意見交換を行う労使協議の仕組みが普及してきたことも背景にある。日本経済は１９７０～８０年代、石油ショックや円高に見舞われ、製造業を中心に先行きへの不安が高まった。さらにバブル崩壊を経て長期低迷に陥った。企業が経営不振に陥り、倒産するような事態になれば、労働者の雇用も失われるため、民間企業は対立より話し合いを重視するようになったのである。企業はグローバルな競争を強いられ、日本的経営の特色であった年功序列や終身雇用が崩れつつあり、労働組合には雇用優先のムードも生まれ、ストを起こしづらい環境になったこともあげられるだろう。

欧米では、日本のような企業別組合ではなく、産業別組合が主体であることから、業界と産別の交渉により、業界全体に関わるような大きなルールを決めることになる。したがって、企業ごとに交渉する日本に比べ、ストがしやすい環境にあるといえるだろう。新興国では賃上げや待遇改善をめぐってストが頻発し、日本企業も対応に苦慮しているという。なかには暴動騒ぎまで起こっている。財政危機に陥ったギリシャやスペインなどでは、緊縮政策に反対する公務員がストを起こしている（日本では公務員のストは禁止されている）。

現在は「労働者の祭典」といわれる「メーデー」も、もともとストライキに起源がある。1884年、アメリカ全土の労働組合・各種団体が「8時間労働制」の要求を掲げ、毎年5月1日にゼネストを決行することを決定し、1986年、その第1回行動を起したことにはじまる。当時の工場労働者は、１日14〜18時間という過酷な労働を強いられていた。賃金格差も深刻で、当時の政府調査によれば、全国の世帯の中で最も裕福な１％の総所得の方が、最も貧しい50％の総所得よりも多かったという。そういう不満がストライキの高まりになったのである。

富裕層と低所得層との賃金格差は、市場原理主義や金融グローバリズムの進行とともに、いままた世界的な問題になっている。アメリカでは、所得上位１％の富裕層が全所得に占める割合が、中間層の比率がピークであった１９７６年には8.9％だったものが、２００７年には23・５％にまで高まっている。これは大恐慌直前の１９２８年以来の高い水準だという。

日本でも例外ではない。日本では１９９０年代から実質賃金の低下が始まり、２００２年から２００８年にかけての戦後最長の景気回復で企業利益が増加した時期にも、賃金は減少したのである。その分が株主配当や役員報酬に振り向けられているといわれる。東京商工リサーチによると、２０１５年３月期決算で、１億円以上の報酬を受け取った上場企業役員は前年比で20社・50人増え、２１１社・４１１人になったという。

雇用者間の賃金格差もある。厚生労働省「2015年 賃金構造基本統計調査」によると、正規労働者を100にした場合の非正規労働者の賃金額が63・9で、この10年で最も高くなったが、上昇幅はわずかで、正規と比べて6割程度という非正規の賃金水準は10年前からほぼ変わっていない。

連合の調査によれば、男女の所定内賃金平均額を比較すると、男性は33万4500円、女性は23万9600円で、男性水準を100とすると、女性は71・6で、28・4ポイントの格差だという（産業計企業規模計60歳未満）。

同じく連合の調査で、2014年の高卒40歳標準労働者の月額所定内賃金をみると、大企業は36万8400円、中小企業は31万9000円で、その差は5万7500円にもなる。1997年時点ではその差が2万8900円だった。大企業と中小企業の賃金格差は広がっているのである。

誰もが未来に希望の持てる社会を実現するには、格差是正は大きな課題である。

争議発生件数等の推移

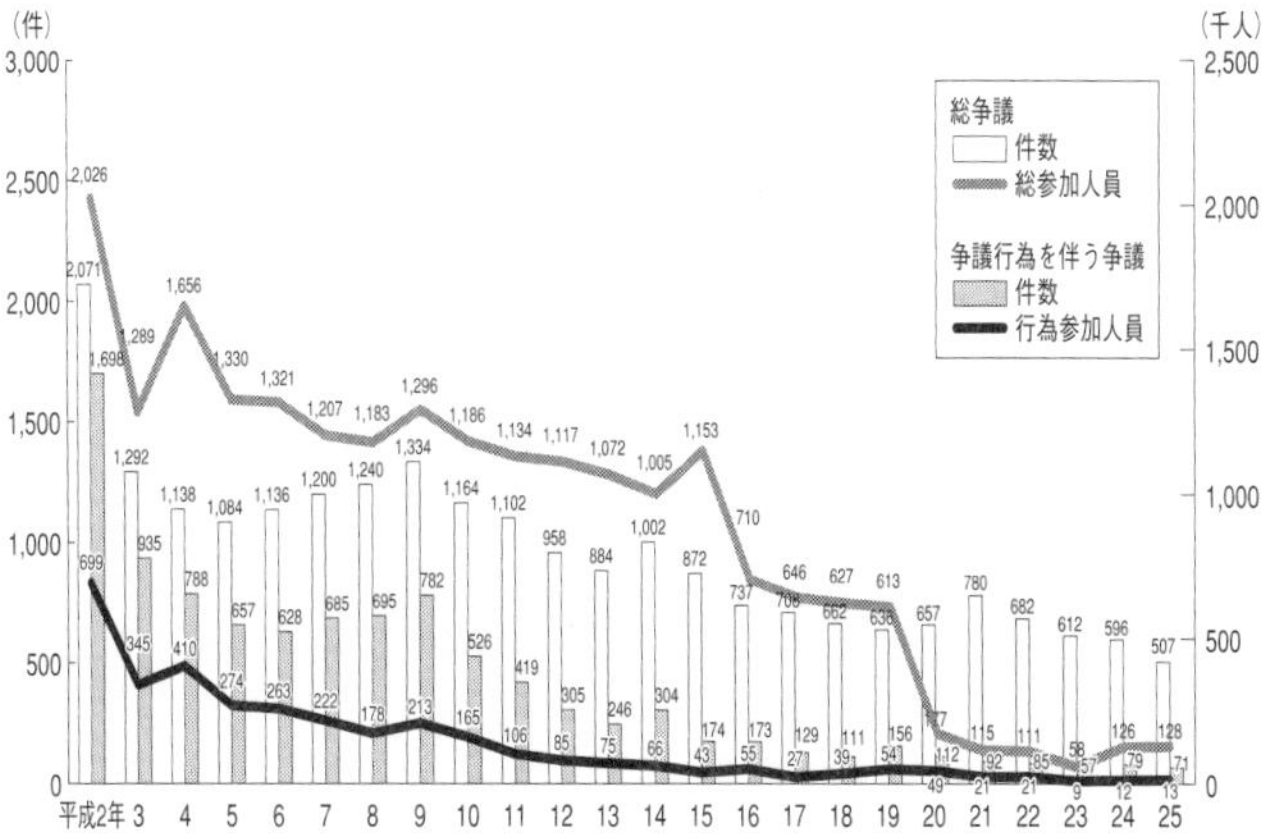

労働争議件数 (件)

国・地域	2000年	2005	2007	2008	2009	2010	2011	2012	2013
日本	118	50	54	52	48	38	28	38	31
アメリカ	39	22	21	15	5	11	19	19	15
カナダ	378	260	206	188	158	175	148	282	−
イギリス	212	116	142	144	98	92	149	131	114
ドイツ	67	270	542	881	454	131	158	367	1,384
フランス	1,427	699	−	−	−	−	−	−	−
イタリア	966	654	667	621	889	−	−	−	−
スウェーデン	2	14	14	5	6	7	2	6	−
ロシア	817	2,575	7	4	1	−	2	6	3
香港	5	1	3	4	7	3	2	1	7
韓国	250	287	115	108	121	86	65	105	72
マレーシア	11	3	2	2	4	2	0	0	0
タイ	13	9	5	7	5	3	14	12	11
インドネシア	273	96	150	146	149	82	196	51	239
フィリピン	60	26	6	5	4	8	2	3	1
インド	771	456	389	421	345	371	370	447	194
オーストラリア	700	472	135	177	236	227	192	204	219
ニュージーランド	21	60	31	23	31	18	12	10	6
ブラジル	525	299	316	411	518	446	554	873	−

（資料）厚生労働省「厚生労働白書」

労働争議参加人員 （千人）

国・地域	2000年	2005	2007	2008	2009	2010	2011	2012	2013
日本	15	4.1	21	8.3	3.6	2.5	1.7	1.2	1.7
アメリカ	394	100	189	72	13	45	113	148	55
カナダ	143	199	66	41	67	57	91	137	−
イギリス	183	93	745	511	209	133	1,530	237	395
ドイツ	7.4	17	106	154	28	12	11	22	67
フランス	211	60	−	−	−	−	−	−	−
イタリア	687	961	906	669	267	−	−	−	−
スウェーデン	0.2	0.6	3.6	13	1.1	3.2	0.0	4.6	−
ロシア	31	85	2.9	1.9	0	−	0.5	0.5	0.2
香港	0.4	0.2	0.8	1.3	1	0.3	290	150	1,306
韓国	178	118	93	114	81	40	33	134	−
マレーシア	3.0	1	0	0	0	0.1	0	0	−
タイ	6.0	2.6	0.6	2	1	2.2	7.1	4.3	7.7
インドネシア	126	57	135	212	94	2.0	55	14	32
フィリピン	21	8.5	0.9	1.1	2	3.0	3.8	0.2	0.4
インド	1,418	2,914	725	1,484	1,626	1,062	645	−	−
オーストラリア	325	241	36	173	89	55	134	143	132
ニュージーランド	2.6	18	4.1	−	9	−	2.1	5.2	0.3
ブラジル	3,834	2,023	1,438	2,043	1,568	1,583	2,050	1,772	−

労働損失日数 （千日）

国・地域	2000年	2005	2007	2008	2009	2010	2011	2012	2013
日本	35	6	33	11	7	23	4.4	3.8	7.0
アメリカ	20,419	1,736	1,265	1,954	124	302	1,020	1,131	290
カナダ	1,644	4,148	1,771	876	2,169	1,209	1,351	904	−
イギリス	499	157	1,041	759	455	365	1,390	249	444
ドイツ	11	19	286	132	64	25	70	86	150
フランス	581	1,997	1,553	1,419	1,662	3,850	−	−	−
イタリア	884	907	930	723	−	−	−	−	−
スウェーデン	0.3	0.6	14	107	1.6	29	0.3	36.7	7.1
ロシア	236	86	21	29	0	−	0.4	2.4	0.2
香港	0.9	0.1	8.0	1.4	1	0.3	0.6	0.4	13.4
韓国	1,894	848	536	809	627	511	429	933	638
マレーシア	6.1	5	0	0	1	0.2	0	0	−
タイ	226	46	12	51	6	50	212	39	93
インドネシア	1,281	766	1,161	1,546	844	11	234	29	131
フィリピン	319	123	12	39	7	34	4	1	1
インド	28,763	29,665	27,167	16,684	13,297	17,932	4,975	−	−
オーストラリア	469	228	50	197	133	127	242	273	131
ニュージーランド	11	30	11	−	14	−	5	79	0
ブラジル	28,558	28,911	29,641	17,927	15,879	33,116.4	42,720.2	47,707	−

（資料）厚生労働省「厚生労働白書」

第4章　労働組合と政策制度要求運動

■なぜ労働組合が政治活動に関わるのか

労働組合の目的は、働く者の生涯にわたる生活や社会的地位の維持・向上を実現することにある。そのために雇用を守り、賃金や労働時間、労働環境などの労働条件を高め、組合員や家族の生活向上をめざす。さらには組合員一人ひとりの働きがいや生きがいを求める活動をすすめる。労働組合は、経済的豊かさだけでなく、精神的豊かさ、不安のないゆとりある生活が実現できる環境をつくるための活動を積極的にすすめていくのである。

労働組合の主活動として、労使交渉、労使協議、あるいは組合の自主的な様々な活動を行うが、より根本的な解決のためには、政策制度の改善を実現する活動、つまり政治活動も重要となる。

労働組合は、企業の中の活動だけでなく、広く国民の立場に立って税制や教育、医療、環境、公共施設の整備等の制度政策など、私たちの生活に直結した課題に対し、幅広い運動を通じてその改善のための活動をしていくのである。さらに、国の外交や安全保障政策に対してもしっかりした考えや政策をもっていることが必要である。

労働組合の政治活動は、生産者、消費者の両面における諸課題の解決をめざして行われる。それは、労使関係における使用者の問題解決能力を超える諸問題であり、雇用・労働政策をはじめ、政治、経済、社会的諸条件の改革と改善である。

政治活動は、企業別組合の取り組みだけではない。産業別組織では、産業政策の実現に向けた取り組みとしての政治活動が行われる。また、ナショナルセンターでは、働く者全体の立場に立った雇用政策や国の経済・財政政策、政治姿勢や政治方針等に対する提言等、国レベルでの政策を実現するため政治活動に取り組んでいる。

労働組合の政治活動として、一般にはまず、国や地方の立法や行政への参加があげられる。

立法への参加は、いうまでもなく国会や地方議会への参加である。具体的には、選挙活動を通じて、自分たちの代表を組織内議員として議会へ送り、議会の審議を通じて、法律や条例をつくったり、予算を編成したり、政治の場において、労働組合の考える政策を反映させることである。

行政への参加としては、国や地方自治体の各種審議会への参加がある。国や地方における政策決定の一つに、審議会における審議・決定の方法がある。審議会の審議を通じて、答申が出され、それをもとに国や地方の意思や方針が決まり、多くの法律・

労働組合と政党の政治活動の違い

労働組合	政党
・働く者の生活を維持・向上させるために運動する ・同じ理念・政策を持つ政党を支持し、協力関係を持つ ・議会制民主主義の中で、政党を通じて政策課題の解決を図る	・自らの政治理念や政策を実現するために運動する ・国民の多様な意見や利害を調整して政策をつくり、実現を図る ・議会制民主主義の中で、政策実現を訴えて政権獲得をめざす

条例が作成される。それらの審議会に労働組合の代表者が参加し、その政策を反映させることは大変重要なことである。実際に雇用・労働政策分野のみならず、各種の審議会に労働組合代表が参加している。

民主主義の社会では、現実に政治を動かしているのは政治家であり、政党である。実際、選挙で私たちは政治家の人物と政党の双方を考慮して投票する。衆議院や参議院の比例代表選挙では、まさに政党そのものに一票を投じる。したがって、政治は政党を抜きにして語るわけにはいかない。

政党は、綱領で政治的な理想や政策を掲げ、これを実現するために政権の獲得をめざして運動する同志的な結合体である。その過程において、国民の多様な意見や利害を調整し、まとめ上げて、政策をつくり、その実現を図るという役割を果たす。民主的な議会政治は同時に政党政治でもあるわけである。

労働組合の政治活動は重要な取り組みではあるが、政党とは目的が違う。政党の目的は、自分たちの政治理念や政策を実現するために政権を獲得することにあるが、労働組合の目的は、政権の獲得ではなく、同じ理念・政策をもった政党と支持・協力関係を持ちながら、政策制度の諸課題の解決を求め、働く者の生活を高めることにある。労働組合が行う政治活動は、労働運動の一環として行うものであり、当然ながら政党が行う活動とは違う取り組みになる。

個人の自由と民主主義を尊重する立場からは、独裁や全体主義とは一線を画し、議会制民主主義を守ることが原則である。労働組合は、議会制民主主義制度の中で、政党を通じて政治課題を解決する。したがって、私たちと考え方や方針が同じ政党とは、相互不介入の立場を原則として支持・協力関係を持っていくことになる。それも単に政党を支持し協力するだけでなく、支持政党をより強固にするための活動にも取り組むことになる。

■連合、産別、単組の取り組み

労働組合の役割は、大きく分けて三つある。第一は労働者の経済条件の向上で、これは多くは労使関係によってなされる。第二は労働者同士の相互扶助の活動で、これは共済活動や組合内部の活動によってなされる。第三が政策制度の改善要求とその取り組みで、これが政治活動である。

政治活動は、単組から産別へ、さらにナショナルセンターへと上部団体に行くにしたがってその比重が増していくともいえる。単組は企業別組合の観点から見た政策制度課題について産別へ意見反映し、産別は産業全体から見た政策制度課題についてナショナルセンターへ意見反映し、ナショナルセンターは労働組合全体から見た政策制度課題について政党へ意見反映することを目指す、という重層構造となる。

ここで、連合、産別の中でも電機産業全体という多様性を有する電機連合、そして、その中でも最大の組織内議員を輩出している日立労組について、それぞれの政治活動の指針を抜粋して掲載する。

【連合の政治方針】（抜粋）〈改訂版・第13回定期大会（2013年10月4～5日）確認〉

1．連合の政治理念

・連合は、労働組合の使命として、主権在民、基本的人権の尊重、恒久平和を基調とする日本国憲法の理念に沿い、労働基本権をはじめとする人権、自由、平等、民主主義を擁護し、社会的公正・正義を追求し、平和な社会および男女平等参画社会の実現をめざす。

・連合は、政府、政党などとは異なる自主的組織としての主体性を堅持しつつ、目的と政策を共有する政党および政治家と協力して、労働者とその家族の労働と生活環境の改善をはかり、真の「ゆとり・豊かさ」を実現する。

・連合は、誰もが公正な労働条件のもと、多様な働き方を通じて社会に参加し、相互に支え合う「働くことを軸とする安心社会」の構築を通じて希望と安心の社会を実現する。

・連合は、日本の労働運動の国際的責務を深く自覚し、世界平和の達成と諸国民の共存共栄および地球環境保全のために努力する。

2．国の基本政策に関する連合の姿勢

（1）はじめに

連合は、これまで国際社会の現実とわが国の置かれている立場を直視し、「『国

の基本政策』に関する連合の態度」を明らかにしてきた。２００３年の改訂以降、10年が経過し、わが国を取り巻く情勢は、大きく変化している。グローバル経済やＩＣＴ（情報通信技術）が加速度的に進展し、中国やインドをはじめとする新興国の台頭が顕著になっている。また、アジア地域では軍備増強の動きが続いている。地域紛争、テロ、宗教対立、領土問題、民族紛争等も絶えることなく、世界の平和維持が大きな課題であり続けている。そうした情勢のもとで、連合は当面、国の基本政策に関して以下の姿勢をとる。

①国の基本政策についての視点

「国の基本政策」は、国土と国民の生命・財産を守り、国民生活の安全・安定を確保するとともに、アジア・太平洋地域の安定と世界の恒久平和実現をめざすことを基本にして構想されなければならない。

その際、外交・防衛上の観点はもとより、環境、資源・エネルギー、食料、さらには金融システム、さらには働く者の安心・安全といった観点などを含めた、「経済・生活安全保障」という考え方にも照らして構想する必要がある。また、国際的に公正・公平なルールにもとづく経済社会を確立するという視点、さらには、地球的課題などに対する国際協力をはじめ、貧困、人権侵害、テロ、感染症などの様々な脅威の払拭を通じた人間の安全保障の実現や世界平和の実現に向けて積極的に貢献していく姿勢が重要である。

②国の基本政策については国民的コンセンサスを

「国の基本政策」は、国家のあり方そのものである。従って、徹底的な議論を通じた国民的コンセンサスづくりが必要である。連合は、このような議論に積極的に参画し、コンセンサスづくりに寄与していく。

（中略）

3．連合の求める政治

①連合は、左右の全体主義を排し、民意が適正に反映されて、健全な議会制民主主義が機能する政党政治の確立を求める。

②連合は、労働者や国民の立場を踏まえ、生活者を優先する政治・政策の実現を求める。

③連合は、与野党が互いに政策で切磋琢磨する政治体制の確立が重要であると考

える。そのため、政権交代可能な二大政党的体制をめざす。

④連合は、癒着のない透明でクリーンな政治の実現を求める。

⑤連合は、不正や違反を許さず自己改革力を備え持つ政治の実現を求める。

⑥連合は、国民主権にもとづき、公共サービスの果たすべき責任と役割を踏まえ、政治主導によって、国や地方自治体における行政の不断の改革を求める。

⑦連合は、地方分権を推進する政治の実現を求める。

⑧連合は、国際紛争、環境保護、貧困問題など国際的な課題の解決に積極的に役割を果たす政治の実現を求める。

⑨連合は、外交を通じて、わが国の国益と安全をおびやかす課題に主体的に対応する政治の実現を求める。

4. 連合の政治的役割と政治活動

（1）連合の役割

①連合は、労働者を代表する社会的組織として「力と政策」を強化し、「働くことを軸とする安心社会」を構築する手段として、政治活動に積極的に取り組む。

②連合は、「働くことを軸とする安心社会」について理解を深める情報を政治家、国民に向けて発信し、社会の合意形成の中心的役割を担う。
③連合は、労働者の立場に立った政党および政治家との連携を強化し、またそうした政党および政治家への組合員の支持拡大をはかる。
④連合は、連合の綱領、基本目標等を定めた「連合の進路」を基本とした政治を実現するための政治勢力の結集をめざす。

（2）連合の政治活動

①政治活動の必要性

a．労働組合の基本目的である「雇用と生活の安定」を実現するためには、企業内での生活諸条件改善への取り組みだけでは不十分であり、国・地方の政策・制度の改善・改革をめざした政治活動に取り組むことが不可欠である。

b．労働組合が政治活動に取り組む上では、組合員ひとり一人が政治に対する意識を高め、政治活動へ自ら参加することが欠かせない。そのため連合は、組合員が連合の政治理念や政策を共有できるように努める。さらに、その実現に向けて支援できる政党および政治家への政治・選挙活動に積極的に参加できるよう取り組む。

②政策・制度の実現に向けて

a．連合は、審議会等の政府・地方自治体の諮問機関への参加、支援している政党および政治家と連携した院内外の活動、政府・地方自治体などへの働きかけを通じて連合の求める政策・制度の実現をはかる。

b．連合は、政策・制度実現の取り組みに際しては、政党、市民グループや諸団体などとも連携を強めて、世論喚起、大衆行動を行う。

c．連合は、政策実現に関わる政治・選挙活動支援を行う際、法令遵守はもちろん社会通念上も節度を持った活動支援を行う。

d．組合員は、連合の政策実現に関わる政治活動への関心を自主的に高め、日頃から政治活動に関わるよう努める。

③政党および政治家との関係

a．連合は、「働くことを軸とする安心社会」を築くために、労働組合と連携して活動することができる政党および政治家に対して、活動支援・協力を行う。

b．連合は、政党の理念や綱領に掲げるめざすべき社会像、さらには国の基本政策において進むべき方向性を共有する政党を支援する。

c．連合は、政策協定を結んだ政党・政治家に対して、日々の政治活動において、労働者の視点に立って、政策の実現をめざしていくことを求める。

d．構成組織は、連合の政治理念や政策、さらにそれぞれの組織の掲げる政策に理解を示し、その実現に向けて協働できる政党および政治家との連携を強化する。

e．地方連合会は、連合の政治理念や政策を共有し、さらにそれぞれの地域の抱える課題の解決に向けて協働できる政党および政治家との連携を強化する。

【電機連合の政治方針】（抜粋）（2010年6月）

Ⅰ．電機連合の政治理念
私たちは、電機連合の基本理念である「美しい地球・幸せなくらし」の実現に向けて政治活動を展開しています。
今日、取り巻く環境の変化や組合員の意識の多様化とあいまって、労働組合に求められるものも広範多岐に亘り、「量から質」へと転換し、より人間性を大切にした「真の豊かさ」を求めるようになってきました。それは、公正・公平な社会、政治・経済や産業構造の改革、福祉の充実、社会環境の改善等の実現であり、このことは組合員のみならず、多くの国民が望んでいることでもあります。

このような国民が希求する政策・制度課題を実現するためには、労働組合の使命と責任を自覚し、従来以上にその組織的な力量を政治に生かすことが大変重要になっています。

このことが、私たち自身の「生命と暮らしを守り、人間性豊かな社会」を創り出すばかりでなく、国民の支持を得て、労働組合が社会的役割を果たすことに繋がるものと言えます。

したがって、電機連合は生活者中心の政治を進めるために、行き過ぎた市場万能主義を改め、「自立した個人が共生する社会」をめざし以下の理念に沿って、政治活動に取り組みます。

①主権在民・基本的人権・恒久平和を基調とする憲法の理念に沿い、自由・平等・公正で平和な社会の実現をめざします。

②新しい政治の姿として、政府に全てを依存した現在の民主主義から国民一人ひとりが主役となって自ら参加し責任を負う参加型の真の民主主義をめざします。

③生活者優先のゆとりある生活の実現をめざし、「公平・簡素・中立」の税制などの政策・制度の充実に努力します。

④中央集権から地方分権政治への改革を推進し、「地域コミュニティ」の確立をめざします。

Ⅱ．電機連合の政治活動の目的

電機組合員の生活向上のためには、産業別労働運動や企業内労働運動の強化と共に、「ゆとり・豊かさ・公正な社会」の実現をめざして、生活者を重視した「政策・制度課題」の実現に向けた取り組みが不可欠です。

その具体的な取り組みについては、産別としての政府・政党に対する要請行動や地域の「改革フォーラム」を中心とした地域活動を推進して、以下の目的を実現するために努力していきます。

①全ての電機産業労働者の雇用と生活の安定、並びに産業の安定的成長を期して、政府・政党・議員等と連携を図り、電機産業が抱える政策諸課題の実現をめざします。

②電機連合のめざす政治・社会システムの実現に向けて、各級選挙活動に積極的

に取り組み、望ましい政権の発展、定着に努力します。

③電機連合組織内議員の拡大を図り、議員・地協・組合員が日常的に連携して、地域社会の活性化と問題解決に積極的に取り組みます。

④組合員が政策・制度を論議する場に積極的に参加することにより、政治意識・参加意識の高揚を図ります。

⑤政策・制度課題の理解と要求実現のため、電機連合本部・地協・議員・単組（支部）で連携した活動を展開します。

Ⅲ．私たちがめざす政治・社会システム

日本の社会にとって最も必要なことは国民一人ひとりが「ゆとりと豊かさ」を実感でき、社会的公正が貫ける活力ある福祉社会であり、外に向かっては、平和を追求する国際社会の一員として責任と役割を果たし、世界全体から信頼される開かれた国になることです。

この新たなナショナルゴール（国民が共有する目標）を実現するためには、現在の政治・経済・社会システムを、これまでの経済成長偏重の政策から、国民生活向上、社会的公正の確立、国際協調を重視する政策に転換する必要があります。
（以下略）

【日立労組政治活動指針】（抜粋）（1998年7月）

Ⅰ．労働組合の政治活動の意義

私たちは、労働組合の結成と同時に「自らの生命と暮らしを守る」ことを基本に、企業内において〝富〟の分配を求める経済闘争を積み重ねてきました。また当然のことながら一方では平和と民主主義を守る闘いも積極的に推進してきました。

この間、「飢餓闘争」から、より高水準の物質的豊かさを求める闘いへと移行はしましたが、結果的には経済闘争での領域にウェイトを置いた中で、その運動を推進してきたことは否めない事実であります。

かつての高度成長の中で、私たちは一定の水準に達する物質的な豊かさを得ることができましたが、価値観の変化に対応した精神的ゆとり・豊かさや、何よりも、環境、文化、教育、社会面への探求が不十分であったとの指摘はまぬがれません。そしてそのことは、日本の経済が高度成長から低成長への転換を余儀なくされ、更には、バブル崩壊後の政治・経済の低迷等で、様々な歪みを生み出しました。

組合員の意識の多様化とあいまって、労働組合に求められるものも広範多岐に亘り、〝量より質〟へと、より「豊かな人間性」を求めるものとなってきました。

公正平等の社会、反戦平和の願い、福祉の充実、社会環境の改善等々がそれであり、組織労働者のみならず、大多数の国民大衆が求めるものであります。

この課題を実現するためには、経済闘争と共に労働組合の使命と責任を自覚し、その力量を政治闘争に生かすことが大変重要になっています。

このことが、私たち自身の「生命と暮らしを守り、人間性豊かな社会」を創り出すばかりでなく、国民大衆の支持を得て、労働組合が社会的にも認められることにも繋がるものといえます。

Ⅱ．政治の現状とあるべき方向　（略）

Ⅲ．政治活動の原則

1．労働組合と政党の基本的関係

労働組合は労働者の経済的、社会的、政治的地位の向上をはかることを基本とし、福祉社会の実現に向け積極的な取組みを進めなければなりません。従って、可能な限りの政治活動の展開が必要です。

その場合、労働組合と政党は、その結集目的が異なり、完全に独立したものであるということを念願に、基本的に峻別しなければなりません。即ち、労働組合と政党はお互いに干渉したり、依存したりしてはならない独立した関係にあり、その目的である「雇用と生活の安定」を軸とした社会的な政策・制度課題の改善を目指した政治活動の取組みにおいて、私たち労働者としては選挙協力、選択共闘をしていく必要があります。選択する条件は、労働組合の運動方針を踏まえ、主体的に決定することとします。

2．支持・協力関係を結ぶ政党の定義

現在の政治情勢、および労働組合と政党との基本的な関係を踏まえ、支持協力関係を結ぶ政党の性格を次のように定義付けるものとします。

(1)日立労組の運動方針を支持し、その実践に協力する政党であること。
(2)労働組合の主体性を尊重し、その運動を干渉しない政党であること。

(3)国民大衆の信頼を得られる政策を掲げ、民意を正しく反映できる政党であること。
(4)政策の一致、また方向性の一致することを前提として、連合可能な政党であること。

3．労働組合と政党との支持・協力関係
労働組合と政党との支持・関係とは次のこととします。
(1)政策の提言と要請
(2)政党（あるいは個人）との政策協議
(3)活動報告
(4)政党活動および選挙運動の支援
(5)その他必要事項
（以下略）

■日立グループ議員団

日立グループ議員団とは、日立グループ労組出身の組織内議員で構成している議員団である。議員団には総勢33名（2016年6月現在　電機連合の中で最大）の議員がおり、全国の町政から国政に至るまで、日々活躍している。

議員団は、組合員の生活の維持・向上を図り、「ゆとり・豊かさ」を実感できる社会、いきいきと暮らせる社会実現に向けて、政策・制度課題の改善に取り組み、労働者の代弁者として議会の場で意見反映に務めている。

年に２回（総会・全体会議）、会員相互の連携強化と自己研鑽を目的に研修会を開催している。「日立労組政治活動指針」を基本に、組合員からの意見要望の反映や各種研修を通した提言活動を行っている。


【活動方針】～議員団の心得５原則～

1. 日立グループ労組出身議員であることの自覚を常に堅持すること。
2. 政治活動は、日立グループ連合、日立労組の運動方針を基本とすること。
3. 電機連合はじめ、支援組織との連携強化に努力すること。
4. 地域活動は住民の心を的確につかみ活発に展開すること。
5. 常に研鑽に励み、清潔な姿勢を貫き、住民の信頼を高めるように務めること。

■日立グループ連合政治活動委員会

日立グループ連合加盟組合の組合員と家族の日々の生活を守るためには、政策や考えを同じくする行動力のある政治家を積極的に擁立し、政策制度の実現のために議会や地域で活躍してもらうことが必要である。日立グループ連合では、政策制度課題の実現と組織内議員の政治活動支援のため、「日立グループ連合政治活動委員会」を立ち上げ、活動している。

政治活動委員会は、会の趣旨に賛同する組合員が個人会員として自主的に加入するもので、その収入は会員の会費や寄付で構成され、日立グループ議員団及び電機連合組織内公認候補（国会議員・地方議員）への活動支援などの諸活動などに使われる。収支は毎年、総会で報告される。

政治資金規正法においては、政治上の主義・主張を展開したり、特定の政治家を支援したりといった政治活動を本来の目的とする団体を政治団体としている。政治活動委員会も政治資金規正法にいう「その他の政治団体」として、毎年の収支報告を東京都選挙管理委員会に提出している。

■重要さを増す労働組合の社会的役割

日本は人口減少・少子超高齢社会下で雇用の劣化が進み、格差と貧困が社会を蝕んでいる。自公政権による労働法制の改悪、その尻馬に乗るようなブラック企業の横行が発生している今こそ、新しい政治の流れを確かなものにしていくために、労働組合をはじめとした社会的組織が安定した土台を作る必要がある。

連合は「働くことを軸とする安心社会」を目指す社会像としている。働くことで人と人とがつながり、職場と社会がつながることで課題を解決し、新たな価値を生み出していく。働くことに最も重要な価値をおいて重層的なセーフティネットを構築する。働く者の集団である労働組合は、働くことの真の意味を徹底して考え、経済性や効率と共生や協働などと調和させせバランスをとっていくことが必要である。そして底上げと所得再分配機能の強化を図ることによって、厚みのある中間層を基盤とした社会を目指していく。政府が行うべきことは多々あるが、労働組合も地域や組織の中で役割を担い、支え合い・助け合いの社会をつくっていくべきである。

そのために労働組合はどのような運動をしていけばいいのか。まずは徹底的に組合員と対話し、職場を固めることが必要だ。組合員は同じ職場の組合役員の動きを見て、組合を身近に感じているのであって、どんどん職場に入り込んで組合員との距離を近づけることが、第一に重要である。それと同時に、労働運動も内向きではなく、社会に向かう運動を展開し、世の中から共感を呼ぶものにしていかなければならない。そのためにも、組織率低下が言われる昨今、労働組合の仲間を増やすという原点に立ち返ることが求められている。

【参考コラム】海外における労働組合と政党の関わりについて（2005年当時）

労働組合と政党との関係について論じる場合、長い歴史的経過の中で両者の良き関係を築き上げてきた欧米の事例が参考になる。

（1）イギリス

イギリス労働党は、1900年に労働組合の全国団体のイギリス労働組合会議（TUC）と社会主義団体、協同組合などが協力して結成された。そして今日でも労働党は、①団体加盟している労働組合、②社会主義団体など団体加盟している各種団体、③地区労働党の連合組織として運営されているが、やはり最大の支持基盤は労働組合である。

その支持システムの典型例は、労働組合がもつ「政治活動基金」制度である。いわゆる労働党に対する政治献金システムだ。労働組合の弱体化を意図したサッチャー首相は、まずこの制度の廃止をはかり、労働組合と労働党にプレッシャーをかけようとした。しかし、両者は徹底的に抵抗し、最終的には労働法制上、10年に1度の頻度で労働組合員による投票でこの制度の継続を承認すればよいという程度の制度改定にとどまった。現在でも、制度継続を支持する組合員も80％にのぼっているといわれている。

ここで、イギリスの労働党と労働組合との関係の歴史をみると、ニール・キノック党首の後を継いだジョン・スミス党首が1993年に実行した党大会投票システムの改革で、強力であった労働党内における労働組合の発言力を大きく制限したことが大きな節目の一つである。具体的には、団体加盟している労働組合の団体投票制度（block vote：組合員の数をまとめて投票できる制度で、9割の票が労組に割り当てられていた）を廃止し、党員1人1票制度を導入したこと。さらに、急死したジョン・スミスの後任党首トニー・ブレアは綱領改正や労働法改正によって左派色の強い労働組合の影響力を制限する党改革や、経営者や中間層からも支持を受けるような政策をつぎつぎと打ち出していった。

そして、この3人の党首によって、万年野党に成り下がっていた労働党を国民政党への脱皮させ、ついに1997年の総選挙で労働党は大勝利をおさめ政権を獲得することに至った。

その後、暫くの間は党内改革派と労働組合との対抗は続くが、①労働組合サイドも政権を支えるために一定の譲歩をせざるを得ないこと、②労働組合内における穏健派の発言力が増してきたこと、③財政的にも一般党員や経営者からの支援が増加して労働組合からの資金は50％を割り込んだことなどにより、TUCと労働党との関係は徐々に相互に独立した関係への変化していった。

また現在では、公共サービスの民営化路線やイラクへのイギリス軍の派遣に反対する労働組合がブレア政権への反発を徐々に強めている。1998年時でTUC加盟70産業別組合のうち労働党に直接加盟していた組合は26組合にのぼったが、2004年から消防隊組合の脱退を契機に労働党からの脱退が相次ぎ、現在では18組合とされている。また、労働党に対する政治献金の凍結の動きも続き、左派系あるいは若手指導者が台頭している労働組合を中心に労働党離れが加速しているような印象を受ける。

イギリスにおいては後述のドイツと同様に、政権を掌握する政党を支援する労働組合におけるジレンマ、つまり譲歩しながらも政権を守っていかなければならないことと、政権に反対してでも組合員の利益を守っていかなければならないこととのジレンマが鮮明に見られる。一方で、労働党を資金的に組織的に支援する労働組合は「労働組合＝労働党連絡組織（ＴＵＬＯ）を中心に、従来と変わらない連携活動を活発化しており、イギリスにおけるこのような労働組合と労働党の間の動きを今後とも注視していく必要があると考える。

現在、我が国の民主党（現・民進党）の中には、イギリス労働党で行われたように、労働組合からの介入を制限したり、あるいは労働組合との関係を断ち切ることこそが国民からの支持者を増やし政権を得るための必要条件になる、との主張が存在します。しかし、この主張はイギリス労働党の結党から近年までの歴史的経過を軽視した議論であると言わざるを得ない。ブレア党首はイギリス労働党における労働組合のポジションを軽々しく扱っておらず、労働党の労働組合排除論は一面しか見ていない議論だと思う。我が国の民主党としても、このイギリスにおける政党と労働組合の関係の歴史的経過を参考にしながら、適切な関係づくりに知恵を出し合っていく必要がある。

(2) ドイツ

ドイツの労働組合の中央組織はＤＧＢ（ドイツ労働総同盟）で、第２次大戦後、西ドイツの地域内において「産業別統一労働組合」として出発した。これは、戦前、イデオロギー、宗教、職業身分によって四分五裂の状態にあった労働組合がナチスの台頭を抑えることができなかったという教訓によるものである。

DGBは政党との関係について、その規約で「政府、政党、宗教各派、経営者に対して独立であること」と規定しているが、具体的には次の4点である。

①労働組合の活動に対して政党から指示を受けないこと。

②労働組合が政党の目的遂行に対して、暗黙裡でも服従しないこと。

③「政党は政治活動」「労働組合は協約活動」とする両者の分業は暗黙裡にも存在しないこと。

④労働組合と政党間に財政的依存関係がないこと。

しかしDGBは、労働運動は政治運動の一つであるから政治的に「中立」であることはなく、政党を支持するのは当然という立場をとっている。また選挙への対応については、どの政党、どの候補者を支持するかは、労働組合の政治目標や政策要求に沿った主張をしているかを検討し、その判断材料を組合員に提供するという姿勢である。あくまで投票における最終判断は個人としての組合員に任せる立場である。ただし、ドイツの場合、歴史的経過からＤＧＢと社会民主党（ＳＰＤ）との関係は緊密であり、産業別組織の幹部もほとんどがＳＰＤの党員になっている。また逆に、ＳＰＤの党員はいずれかの労働組合に加盟するという関係になっており、今日、連邦議会の社会民主党議員の４分の３はＤＧＢ傘下のいずれかの組合員の籍を持っていると言われる。しかし、ＤＧＢの組織運営として、政党からの独立を守るために、不文律で二人の副会長はキリスト教民主同盟（ＣＤＵ）の党員から選出されるようになっている。また、産業別組織の中央執行委員も、ＣＤＵ、自由民主党（ＦＤＰ）、緑の党などの党員も選出されるよう様々な配慮が行われている。

このように、ドイツにおいては、形の上では労働組合と政党の独立関係が明らかにされているが、実体的には党員・議員の属性、資金面など多くの面できわめて緊密な関係を維持している。一方、ドイツにおいても経済のグローバル化にともなう経済の構造改革の問題、社会保障政策の見直し問題、環境保全、移民労働者問題、ＥＵ内の主導権問題など、従来の社会民主主義的な政策手段では解決できない多くの課題を抱えている。これらの問題解決には労働条件、雇用への影響もあり、労働組合もこれら新しい社会問題に対する対応が迫られている状況である。とくにＳＰＤは政権与党として社会経済の構造改革に取り組まざるを得ず、シュレーダー首相は「アジェンダ2010」という社会・労働市場改革政策を打ち出したが、DGB最大の金属機械労組IGメタルはこれに反対し、あからさまにシュレーダー批判を強め、DGBとSPDの間の緊張関係は高まりつつある。

2005年9月の総選挙においてSPDは過半数に達せず、最終的にはキリスト教民主・社会同盟（CDU・CSU）と大連立を組み、シュレーダー首相は退任した。これはシュレーダー首相の改革路線と社会民主主義路線の曖昧さが野党側に突かれたという側面と、労働組合のSPDへの非協力的姿勢が敗因の一つであるという見方がある。

SPDが今後、国民からの圧倒的支持を得て政権を運営できるように成長していくために、労働組合側も新しい国家ビジョンと新しい政治へのアプローチを考えていかなければならない時期を迎えていると思う。

(3) アメリカ

アメリカの労働組合は、経営者や反労働組合的な政治家からのさまざまな攻撃を切り抜け、中央政府や州政府の社会政策に対し、また大企業における経営方針に対して大きな影響力を与えてきた。今日、最大のナショナルセンターであるアメリカ労働総同盟産別組合会議（ＡＦＬ‐ＣＩＯ）はこれまで約１３００万人の組合員と潤沢な予算を有してきたが、残念ながら２００５年７月の大会で組織化・政治への関与をめぐる路線の対立が激化し、主要３組合４００万人が脱退した。また組織率も、最も高かった35％（アイゼンハワー政権時）から14％（クリントン政権時）へと低下し、その傾向に歯止めがかからない状況が続いている。

近年のアメリカ政治における労働組合のポジションを見ると、その転機はニクソン時代にまで遡る。ニクソン大統領は労働組合との敵対関係をできるだけ避けるように政策展開してきたが、１９７４年に退任して以降、共和党内の穏健でリベラルな議員達も次々と消えていった。逆に、労働運動に対して敵対意識を持つ南部諸州から多くの共和党議員が議会に入ってくることになり、70年代後半から、共和党の労働組合に対する敵対心はますます強まっていった。

一方、民主党の方は、50年代は南部諸州から数多くの保守的な民主党議員が議会に送り込まれていたが、60年代になると民主党大統領がアフリカ系アメリカ人による市民権運動を支持した結果、共和党の地盤においてアフリカ系アメリカ人の支持を得たリベラルな民主党議員が共和党議員に取って代わるという結果になった。しかし、多くの南部民主党議員はさらに保守的な共和党議員に打ち負かされ、保守系も力を得ていくという複雑な展開になった。構造的には、南部から選出される保守的な共和党議員が増えた一方で、かなりの数のリベラルな民主党議員も議会に送り込まれたことで、アメリカの2大政党が互角の力を持つようになると同時に、この二つの政党はよりイデオロギー色を強めていったということである。そういった状況のもとで、アメリカの労働組合は組織率が低下しているにもかかわらず、80年代、90年代を通じ、よりリベラルになった民主党とかつてない友好関係を築き、併せて共和党とのパイプも残しながら労働者の権利拡大の運動を展開していった。

アメリカにおける労働組合の政治との関わりを見ると、大統領選挙に顕著に見られる。ＡＦＬ-ＣＩＯは、１９９９年10月に第23回定期大会で２０００年の大統領選候補者としてゴア副大統領への支持を決定した。この時は、全米自動車労組（ＵＡＷ）、全米鉄鋼労組（ＵＳＷＡ）、チームスターズ労組は、ゴア氏の貿易政策が曖昧であることを理由に、左寄りの政策へと誘導することを意図してゴア支持に反対した。最終的には、スウィーニー会長が、労働組合が長期的な目標を達成するために一丸となって協力すべきだと説得し、ＡＦＬ-ＣＩＯのゴア氏支持に漕ぎ着けた。これより、各組合は選挙キャンペーンを人的・資金的に支援し、また多くの組合員は選挙投票を呼びかける電話作戦に取り組み、民主党と労働組合の一体感を示した。これは、２００４年の大統領選挙においても民主党のケリー候補支援で同様の体制が取られたが、民主党候補の連続2回の敗北により、いくつかの組合からＡＦＬ-ＣＩＯの政治活動に対する疑義が出されるようになった。これは本年7月の大会における分裂の引き金の一つになる。

アメリカの場合、もともと「弱者の立場」から政策を打ち出している民主党を労働組合が支持・支援するという構造だったが、２０００年、２００４年の大統領選挙の結果、議会やホワイトハウスに対する民主党の支配力は低下し、また共和党が一段と保守化していく中で、労働組合は政治的にかなりの脅威にさらされるようになった。現にブッシュ政権は労働運動に敵対的であり、労働運動を力で抑えようとしている姿勢に変わりはない。

一方で、労働組合は反共和党・親民主党であるという図式も流動化している。一部のＡＦＬ-ＣＩＯ傘下の組合や地区組織では、９・１１テロ事件後の人権抑圧やアフガン戦争にむけた公的年金基金や経済困窮州への交付金の削減、低価格住宅補助やホームレスへの社会サービスの切りつめなど、戦争動員のための貢献政策を民主党も支持していることから、民主党に対して露骨に異議を唱えるところも出てきた。労働組合としては当面する産業政策、あるいは失業対策や貧困対策などをめぐる社会政策の是非によって政党への支持の度合いを決めており、いまや民主党支持も一枚岩とは言えない状況になっている。本年7月のAFL-CIO大会で脱退した主要3労組も、民主党への献金資金を組織拡大のための資金にまわすべきだと主張しており、労働組合の民主党離れが明確に始まろうとしている。

アメリカでは労働組合幹部が議員になっていくケースは少ないものの、労働組合と民主党との関係は、選挙応援などを見ても、日本の連合と民主党（現・民進党）との関係に非常によく似たところがある。

（引用：民主党労働局「政党と労働組合の関係のあり方について」2005年10月）

第5章

これからの労働組合と政治のあり方について考える

■政治を変える若者の一票

選挙権年齢を20歳から18歳に引き下げる公職選挙法改正案が2015年6月に成立した。1年後の施行で、国政選挙では2016年7月に予定される参議院議員選挙から適用になる。これによって約240万人の有権者が一挙に増える。

選挙権が25歳から20歳になったのが1945年で、今回は70年ぶりの改正となった。この改正で当然ながら、18歳、19歳の選挙運動も解禁になる。

なぜ選挙権年齢の引き下げなのか。いま日本は、少子高齢化のために高齢者の人口が増える一方で、若年者の人口が減少している。そこで、若い世代の意見がもっと政治に反映されるように選挙権年齢を引き下げ、より多くの若い人たちが選挙で投票できるようにした。

世界192の国・地域のデータで、18歳までに選挙権を与えている国・地域が170で、G8の中では18歳に選挙権がないのは日本だけ、OECD加盟34か国の中でも日本と韓国（19歳）だけという事情もある。18歳というと、ほぼ高校卒業の時期にあたり、社会人になるにしろ、進学するにしろ、適当な時期ではある。

成人年齢が国によって違うのは、要はその国の文化のありようだからだろう。日本はかつて「元服」と言っておおむね15歳だったが、明治の太政官布告や民法制定によって20歳となった。当時は国内の慣習と21～25歳が成人だった欧米諸国と衡平をはかったといわれている。今度は逆に引き下げるのも欧米をにらんでという面もないではないが、少子高齢化、人口減少社会の今日において、日本の未来を作り担う存在である10代の政治参画は非常に重要だと考える。政治を考えることは、自分の人生をどう生きるのかを考えることであり、一人一人が確実に動いて行動し、政治家を選べば、政治は変わるのだ。

「こういう政策がある社会にしていきたい」といった自分自身の考えを持ち、それが政治に反映されるよう、自ら働きかけていく。そのためには、自分たちの声を政治に届ける代表者を選ぶことが重要である。

しかし、世代別にみると、近年、投票率の低下、とりわけ若い人ほど投票率が低いことが問題となっている。２０１４年暮の総選挙は戦後最低の投票率（52・66％）だったが、20代は32・58％で、３人に１人しか権利を行使していないのだ。有権者は増えたけど、さらに投票率が下がっただけ、というのでは意味がない。これでは未来を生きていくはずの若い世代の意見が政治に届きにくくなっている。投票に行こう！

■社会的労働運動を

労働組合は労働条件の維持改善を図るとともに、労働者の地位向上を目指すためにある。そこで、税制、医療、介護、年金、出産、子育て、教育、住宅政策など、私たちの生涯に関わる諸制度をより好ましいものにしていくために、政治活動はどうしても欠かせない。

政治活動といっても、労働組合は選挙活動ばかりやっている、という批判の声を聞くことがある。政治活動の必要性が組合員に十分浸透しておらず、組合員に政治活動の理解がない中で、選挙活動のみが押しつけられているという印象をもたれるようであれば、組合員に疑問や批判が生じるのも理解できないではない。政治活動の重要性を労働組合が組合員に教宣していくことも大事な政治活動であるといえるだろう。

企業別組合中心の日本の労働運動は、ともすると企業内中心で、社会問題や政治課題になかなか目が向かないこともある。しかし今、組織率がわずか17・5％の日本の労働組合において、残る8割強の未組織の労働者にとっては、法律によって各種制度を改正していくことが大きな意味を持ち、政治活動を推進していく上で最も重要な社会的運動となる。

■これからの「政権交代可能な政党」に期待すること

２００９年に政権の座に着いた民主党は、２０１２年の総選挙で大敗し、自公政権に再び政権を譲り渡すことになった。安倍政権を誕生させてしまった責任は、当時の民主党にもある。

２０１２年の総選挙における民主党大敗の要因として、マニフェストの失敗があげられる。「コンクリートから人へ」というスローガンの下、資源分配の変更に取り組んだが、重要政策が財源問題で実現できなかったのだ。また、消費税増税をめぐって党が分裂し、大量の離党者が出たことも痛い出来事であった。

しかし、民主党政権の実績を冷静に見てみれば、生活者、労働者の視点で、自助・共助・公助のバランスを重視した政策をいくつも実現してきた。たとえば、

・派遣労働者を守るための法改正
・有期契約労働者の保護強化、格差解消
・希望者全員が65歳まで働ける環境整備
・雇用保険をもらえない失業者への無料の職業訓練と給付金給付
・政労使の合意により、最低賃金引き上げ

・雇用戦略対話で若者雇用戦略を決定
・女性の活躍を推進する「働くなでしこ大作戦」を始動
・保育所の待機児童の減少など子ども・子育て関連施策を推進
・高校無償化、児童手当の拡充などにより子育て世代の経済的負担を軽減
・少人数学級により、小学生のよりよい教育環境を実現
・崩壊寸前の地域医療を再生
・生活保護母子加算の復活、父子家庭への児童扶養手当給付等、ひとり親家庭への拡充

などを実現した。もちろん財源問題、ねじれ国会などにより、実績としては不十分な面もあるが、デフレ経済、少子高齢社会、格差拡大、貧困の増大など、困難な課題に直面するわが国にとって、これらの政策の方向性は間違ってはいないだろう。

自民党政権は新自由主義、市場原理主義の考え方のもと、貧困・格差社会を拡大し、いままた働く者の雇用や労働条件をないがしろにし、戦後の日本を支えてきた社会基盤そのものを破壊する政策を臆面もなく推し進めようとしている。民主党の政権運営の失敗は真摯に反省する必要があるが、今後もまじめに働く者が報われる公正な社会

の実現を目指して取り組んでいかなければならない。

欧州では医療、教育など、大学授業料まで原則無料の共生社会が実現し、各家庭の経済環境に左右されずに、子どもたちの可能性を引き出す社会環境が整備されている。これからの日本は、この地域社会が本来持っていた「共に助け合い生きていく社会」を取戻し、年金、医療、教育、子育て、介護など社会環境の充実を図り、ヨーロッパ型共生社会を目指すべきである。

また、安倍政権は歴代の自民党政権も貫いてきた「平和主義」を逸脱しかねない政策を進めている。日本を取り巻く国際環境の変化に対して、専守防衛、日米同盟の深化も大事であるが、独立自尊の国づくりを目指していくべきである。

２０１６年３月27日、自由・共生・未来への責任を結党の理念として、民進党が結成され、政権交代可能な政治を実現するために力強く進もうとしている。脳科学者の茂木健一郎氏は、民進党の結党大会において次のような来賓挨拶を行った。

私がここに来た理由は、民進党が政権交代可能な党になってほしいというその願いからです。

およそ成熟した民主主義国家で、政権交代が期待できないということは、ありえないのです。しかし、日本の民主主義は政権交代がなくて続くということに、余りにも慣れすぎていた。今、世界はイノベーションが起こり、次から次へと新しい動きが出てくる中で、政権交代ができない社会風土というものは、われわれを未来に連れて行ってくれないのです。そのために、皆さんの責任は重大であると考えます。

さて、民主党政権は、２００９年に大きな国民の期待を受けながら、結果としてあのような形で終わってしまいました。皆さん、最近Ｇｏｏｇｌｅの人工知能で、アルファ碁というのが出てきました。人工知能がなぜあれだけ強くなったかご存知ですか。反省することを覚えたからです。アルファ碁は自ら打った対局を評価し、反省し、それを改善することで今や人間の世界チャンピオンを破るところまで強くなりました。

安倍さんの自民党に勝つまでに皆さんが強くなるために、ぜひとも２００９年の政権交代後の、苦い失敗の反省をしていただきたい。反省とは何でしょうか。反省とは、皆さんが過去に行った選択に対して、プランＢは何だったのか、どのような他の選択ができたのかということを検討することです。さらにもう一つ、皆さんの過去の選択の前提となった価値観、世界観は何で、なぜそれが足りなかったのかを、振り返ることです。

ぜひ皆さん、美しい反省をしていただきたい。すばらしい政党ができたこの機会に、ぜひ真摯に２００９年の失敗を反省していただき、そして政権交代が可能な、それが当たり前な日本にするために頑張っていただきたい。

あとがき

本書は、国の政治が私たちの暮らしに与える影響を鑑み、働く者の立場から現在の政治情勢について概括した。その上で労働組合の歴史と役割について触れ、労働組合の現状と問題点について述べた。そして、労働組合の政策制度要求運動について取り上げ、これからの労働組合と政治のあり方について考察した。

繰り返しになるが、労働組合は働く者の生活諸条件の維持・改善を目的に企業の枠内の活動だけでなく、広く国家や社会に働きかける運動をしていく団体である。今日、世界的なグローバリズムの進行、市場原理主義的経済運営などで、経済の成長が労働者の配分につながるとは必ずしも言えない状況があると言わざるを得ない。労働組合はこれまでも政治活動に力を入れて取り組んできたが、これから労働者の生活向上を考えるためには、政策制度の改善、政治への働きかけがますます重要になってくるものと考える。

本書が多くの方が労働組合の政治活動を考える一助となれば幸いであると同時に、諸先輩の忌憚のないご講評を仰ぐ次第である。

〈参考とした文献その他〉

・「みんなの選挙活動Q＆A」日本の政治と選挙研究会編（富士社会教育センター）
・「労働運動の新たな地平　～労働者・労働組合の組織化～」中村浩爾・寺間誠治著（かもがわ出版）
・「政党政治と労働組合運動」五十嵐仁著（御茶の水書房）
・「日本の労働組合　～戦後の歩みとその特徴～」岩崎馨著（日本生産性本部）
・「電機ジャーナル」（電機連合広報情報戦略部）
・「ひろばユニオン」（No.６４４　２０１５年10月）（労働者学習センター）
・「朝日新聞　アベノミクス分断の現場（連載記事）」２０１６年４月
・「民進プレス」
・「平成27年版　厚生労働白書」
・「２０１５ 連合白書」

■小澤　弘（おざわ　ひろし）
1982年、福島県喜多方市に生まれる。

2005年、新潟大学工学部機械システム工学科卒業。同年、株式会社 日立コミュニケーションテクノロジー入社（現 日立製作所通信ネットワーク事業部）。構内電子交換機のハードウェア設計業務に従事。

2010年、日立製作所労働組合戸塚支部執行委員。2015年より国会議員秘書、現在に至る。

労働組合と政治活動
日本の労働組合における政治活動の現状

2016年6月1日発行

著　者　小澤　弘

発行所　公益財団法人富士社会教育センター
〒101-0024 東京都千代田区神田和泉町1-12-15 O・Sビル3階
TEL03-5835-3335　FAX03-5835-3336

印　刷　第一資料印刷株式会社

ISBN978-4-938296-73-5